天守台に観覧車が!? 城郭が野球場に!?

『その後』の廃城

今泉慎一・監修
Shinichi Imaizumi

JIPPI Compact

実業之日本社

はじめに

日本国内で城が歴史の表舞台にあったのは、主に戦国時代から江戸時代にかけて。幕末の戊辰戦争で実戦の舞台になったのが最後だ。

無用の長物と化した城は、明治初期にはその大半が朽ち果てるにまかせていた。江戸末期、各藩の財政窮乏もあって、それ以前から荒廃のひどい城も多々あった。天守が失われたまま再建されないことも、珍しいことではなかった。

一八七三（明治六）年に発せられた全国城郭存廃ノ処分並兵営地等撰定方、いわゆる「廃城令」がそこへ追い打ちをかけた。城は元々、軍事施設だ。明治新政府にとってみれば、反政府的な思想の持ち主の拠点ともなりかねない場所は、なるべくない方がいい。一方で、「在城処分」とされた城もあった。これらは新たに設立された陸軍の駐屯地として利用するためのものだった。

本書では、明治初期から平成に至るまで、さまざまなタイプの城の近現代史を取り上げている。失われる前の建物の姿や、現在とは似て非なる変わり種のいち場面など、掘り出しモノといっていい写真の数々も掲載している。

今回取り上げたのは、いずれも観光地として人気のある著名な城が多い。現在の美しいたたずまいの裏には、復興への先人の苦労や危機を救った出来事など、知られざるエピソードが眠っている。それらを知ることによって、城巡りが楽しくなることも間違いないだろう。

今泉慎一

〈目次〉

第三章　意外な姿に様変わり　城の再利用あれこれ

第四章　太平洋戦争に翻弄された名城たちの昭和史

装丁／杉本欣右　本文レイアウト／増田デザイン事ム所
編集／風来堂（内田恵美・青柳智規・佐藤成美・高木健太・南雲恵里香・平野貴大・今田壮）
校正／今田洋　本文執筆／加藤桐子・川邊洋三・南陀楼綾繁・山本晃市

第一章

名城がたどった思いがけない運命

五稜郭【北海道函館市】

戊辰戦争最終決戦の地から米国商会を一蹴した氷の名産地へ

「新選組副長、土方歳三《ひじかたとしぞう》！」

雨あられの如く弾丸が飛び交うなか、敵兵の真っただ中へと飛び込んで行った。そして……初志貫徹、自身の思いを一片たりとも曲げることなく、その生涯を閉じ、野望をついえた。土方歳三、最後の舞台となったその地こそ、函館五稜郭《ごりょうかく》である。

一八五四（安政元）年日米和親条約締結、一八五八（安政五）年には日米修好通商条約が結ばれ、伊豆下田とともに蝦夷箱館《えぞはこだて》（現・函館）が開港される。和親条約締結直後、幕府は米国をはじめとした諸外国との交渉や蝦夷地防衛を職務とする「箱館奉行」を設置。その拠点とすべき地を模索し、築造された城郭が五稜郭である。現在でも斬新なデザインが際立つ五稜郭は、ヨーロッパで発達した城郭都市をモデルとしたもので、緒方洪庵《おがたこうあん》の適《てき》塾《じゅく》出身者である蘭学者・武田斐三郎《たけだあやさぶろう》の指揮の下、築造された城郭であった。

施工から約十年後、一八六四（元治元）年に五稜郭は完成する。一八六八（明治元）年の明治維新とともに、新政府の支配下となるが、江戸無血開城をよしとしない旧幕府軍が蜂起し、榎本武揚《えのもとたけあき》を軸に五稜郭に立て籠る。翌一八六九（明治二）年五月、戊辰戦争《ぼしんせんそう》最終決戦の舞台へと至り、冒頭のシーン（箱館戦争）を迎えることになる。

五稜郭を天然氷の名産地へと変えた傑物の情熱

箱館戦争後、五稜郭は明治政府兵部省の所轄として機能していく。一八七二（明治四）年より、主に陸軍の練兵場として使用された。一九一四（大正三）年には公園として一般開放され、北海道民の憩いの場としても活用された。

一方、商用の場としても五稜郭は利用され、その最たるものが城内外の濠における採氷事業であった。一八七一（明治四）年には、六七〇トンの天然氷を採氷・販売、非常に高価だった当時の米製輸入氷（ボストンより輸入していた「バージェス&バーディク〈ボルベッキ〉商会」の通称「ボストン氷」）を一気に駆逐し、国内産業の一つとして発展してゆく。一八五三（嘉永六）年の黒船来航以後、日本を翻弄し続けていた米国に、ビジネスの一分野において一矢を報いた出来事でもあった。

ちなみに、当時のボストン氷の価格は、ミカン箱やビール箱のような大きさの箱一箱で

写真提供：函館市中央図書館

1868（明治元）年に撮影された「箱館御役所」。函館奉行所の庁舎

写真提供：函館市中央図書館

稜堡式という星形要塞である五稜郭の濠も星形に沿って成形された

三～五両（現在の三〇～六〇万円程度）という高価なもの。市場独占によるボルベッキ商会の法外な高値での販売に対して、非難の声が上がっていた。当然、一般庶民には遠い存在、贅沢品だったのである。

そんな状況下、貴重な氷を庶民の手に広く届けるべく、製氷事業に熱い思いを託した傑物が登場する。牛鍋屋を日本で初めて開業したことでも知られる中川嘉兵衛《なかがわかへえ》、後に「日本製氷事業の父」的存在となる人物である。

時代を読む能力に富んでいた中川は、当時としては奇抜なアイデアとも思える様々なチャレンジをしている。一八六二（文久二）年より横浜で氷屋を開業、大きな評判を呼んだが、その実状は厳しいものだった。全国各地の氷雪を横浜へ移送・販売したものの、大半は移送中に溶けてしまい、儲けはほとんど出なかった。当初、採氷は富士山麓で行い、おが屑を敷き詰めた木箱に氷を入れて、馬で静岡市江尻《えじり》港まで搬送。そこから帆船にて横浜へと移送していた。移送内容は惨憺たるもので、採氷時一〇〇トンあった氷が、横浜到着時にはわずか八トンあまりになったという。中川はその後も試行錯誤を続け、諏訪《すわ》湖や日光、釜石や青森など、本州の寒冷地を北上しながら採氷を繰り返し、横浜への移送を試みた。結果はいずれも同様であった。

だが、中川は決してあきらめなかった。なんとしても国産天然氷を流通させたい。そんな思いのもと、白羽の矢を立てた地が函館・五稜郭であった。当時、五稜郭の濠の水は、函館亀田五稜郭御上水を経て水質の高い亀田川から引かれていた。濠ではあったものの、常に新鮮な水が供給され、飲み水としても上質なものだった。五稜郭ではこうした水からできる質の高い氷が採氷できる。英国・米国の商船を使った船便の利便性もあり、このふたつの要素が製氷場としての五稜郭の最大の魅力であった。「これだ！」。中川は確信し、全財産（自己資金一万三〇〇〇両余と社中金九〇〇〇両。現在の価格で二二億円程度）をつぎ込み、五稜郭の採氷専取権（専売願書）を時の北海道開拓使である黒田清隆（開拓使函館支庁）に申請、獲得するに至る。

とはいえ、成功への道は平坦なものではなかった。横浜への移送を何度も繰り返し、ようやく商売として成り立ったのが、七度目の挑戦となる一八六九（明治二）年。天然氷およそ五〇〇トンを採氷し、大半を横浜へ移送、京浜地区を中心に販売することに成功した。以後、五稜郭で製氷された氷は「函館氷」と呼ばれ、天然氷のブランドとして大人気を博し、全国へと販売網を広げていく。ボストン氷よりもはるかに廉価（明治六年時で平均価格一トン四円〈両〉六二三銭）な函館氷は、一気に市場を独占したのだ。

写真提供：函館市中央図書館

氷を切り出すノコギリの長さは、約２メートルもある大きなものだった

写真提供：函館市中央図書館

極寒のなかで作業するため、かなり厚みがある生地の服を着用していた

そもそも中川は、なぜこれほどまで国産天然氷に情熱を傾けたのか。一八一七（文化十四）年、三河国伊賀村《いが》（現在の愛知県岡崎市伊賀町）に生まれた中川は、漢学を学ぶべく、十六歳で京都へと向かう。一八五九（安政六）年、横浜開港と同時に、国際化時代の到来、時代の流れを読み、京都から江戸へと移住。イギリス公使館にて、初代英国公使オールコックの下、見習いの料理人となった。そこで中川は、大きく二つのことを学ぶ。一つは西洋の食文化であり、これが元祖牛鍋屋の開業へとつながる。そして、もう一つが食品の腐敗防止や品質保持のための知識であり、製氷事業へと結びついていった。ヘボン式ローマ字の創始者ジェームズ・C・ヘボン医師と出会い、食品衛生における氷の重要性・有益性を教授されたことが、中川のその後進む道を大きく決定づけたのであった。

良質で廉価な氷を、より多くの庶民に届けたい。この意志を遂げるべく、中川は製氷事業へと本格的に乗り出すことになるのである。

庶民の生活を潤した中川の活動と「函館氷」

中川が奔走した時代、〝夏場の氷〟は、当然のことながら非常に貴重なものであった。日本の歴史を振り返ると、〝夏場の氷〟が初めて登場するのは今からおよそ一六〇〇年以上前。『日本書紀』にある氷献上の記録によれば、仁徳《にんとく》天皇の時代、三七四（仁徳六二）年のことである。冬に採っておいた天然の氷を「氷室《ひむろ》」と呼ばれる貯蔵施設で保存したものであった。当時は、酒の冷却や暑さをしのぐ貴重品として使われていたという。製氷・移送の高度な技術が生み出されるまでには長い時間を要し、その後も〝夏場の氷〟は貴族や権力者など、一部の上流階級の者だけが享受できる贅沢品であり続けた。

一般庶民が夏場でも氷を手にすることができたのは、『日本書紀』に氷が登場したはるか先、明治時代になってからである。その氷こそ、廉価な天然氷として世の中への流通を実現した日本製氷事業のパイオニア、中川嘉兵衛による「函館氷（五稜郭氷）」であった。

函館氷が初めて採氷されたのは一八六九（明治二）年。用途は一般庶民による夏の冷却用、さら

写真提供：函館市中央図書館

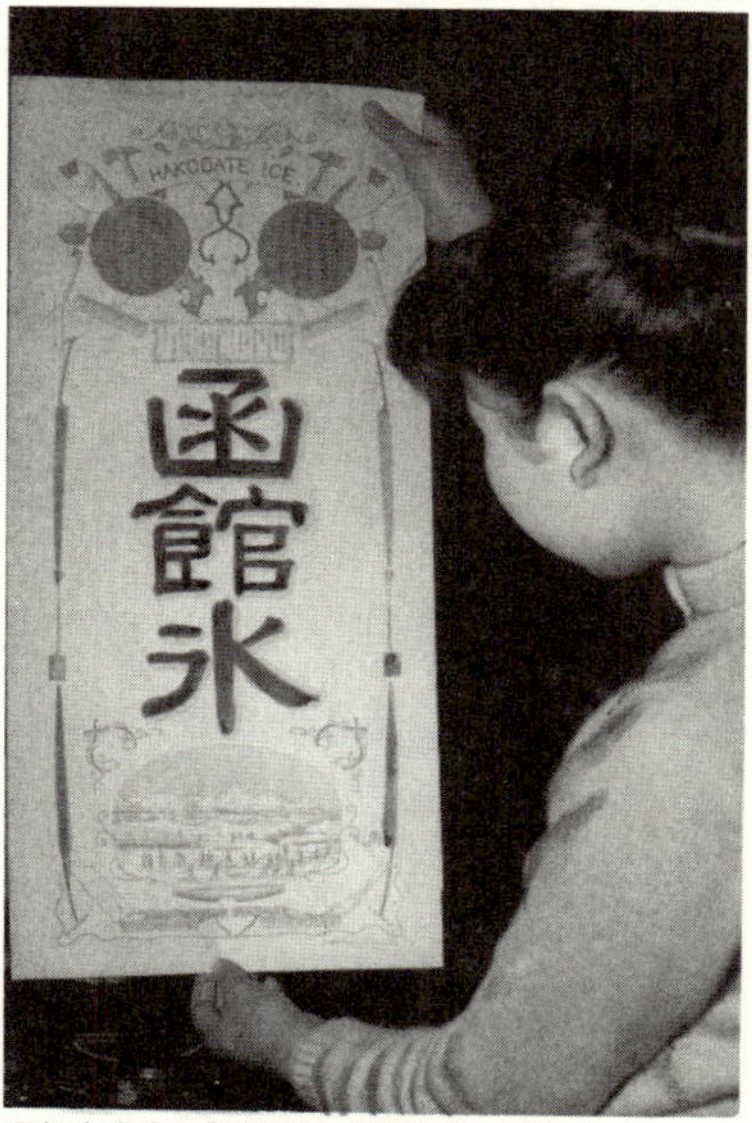

函館氷広告は函館市中央図書館に現存する

には、医療用（やけどや熱病の治療）としても重用された。味はほんのり甘く、品質は堅硬透明であった。一八八一（明治十四）年には、第一回内国勧業博覧会で一等賞を受賞。龍紋褒章《りゅうもんほうしょう》を授与されたことから、以後「龍紋氷」と改名し、中川の「函館氷」はより広く世間に知れわたり、庶民の生活に大きな潤いをもたらすことになる。

戊辰戦争最後の舞台となった五稜郭における製氷事業は、中川の手によって大きく発展してゆく。国内供給に成功した後、清、韓国、シンガポール、インドなどへの海外輸出販売も手がけ、一八七三（明治六）〜一八七七（明治十）年までの四年間で、約八〇〇〇トンもの氷を輸出するまでに至っている。さらに、中川の発想は留まるところを知らず、一八九七（明治三〇）年には、国内初の機械製氷会社を設立する。だが、同社設立直後、中川はその後の発展を見ることなく、生涯を閉じる。先見の明をもった傑物、日本製氷事業のパイオニア、中川嘉兵衛。御年七九であった。

五稜郭
北海道函館市五稜郭町・本通1／五稜郭公園前電停から徒歩20分／函館奉行所500円／見学自由（奉行所は9時〜18時［11月〜3月は17時まで］）

佐賀城

【佐賀県佐賀市】

焼失した天守の代わりになぜ鹿鳴館!?
市民に愛された建物はどこからやってきた?

幕末の雄藩のひとつとして数えられる、佐賀藩。葉隠れの精神を今に伝える佐賀城は、藩主鍋島《なべしま》氏の居城として江戸時代の初期に完成したものだ。

現存する遺構は一八三八（天保九）年に建造された鯱《しゃち》の門と続櫓のみであるが、一八七四（明治七）年の「佐賀の乱」の際に受けた銃弾の痕はいまだ生々しく残っており、往時を偲ぶことができる。周囲に堀を巡らせた佐賀城址の中心部には、かつて五層にそびえる壮大な天守がその偉容を誇っていたという。

佐賀県によって行われた二〇一二（平成二四）年の調査では、残る天守台の面積から、熊本城を上回る、九州最大級の小倉城に匹敵すると推定されるほどの大規模な天守であったことが判明し、歴史ファンを大いに驚かせた。ただし残念なことに、その天守閣は一七二六（享保十一）年に起きた大火で焼失してしまい、以降、再建はなされていないのである。

写真提供：佐賀市教育委員会

協和館の玄関

城とは無関係だが由緒ある建物だった

その天守焼失後の天守台に、一時期、あたかも天守の代わりであるかのように鎮座していた建物があったという。豪壮な天守閣があった場所に建てられたとすれば、さぞや格式の高い特別な建築物かと思いきや、その正体はなんと〝公民館〟であった。その名も「協和館」という、なんとも庶民的で平凡な響きに満ちた名称である。

しかし、公民館と侮るなかれ。この協和館、「独特な唐破風《からはふ》造りの玄関、入母屋《いりもや》造りの本館をそのままの構造で再現したもので、しゃちの門、老楠とともにこんご観光佐賀の史跡

写真提供：佐賀市教育委員会

1階の第一集会室。床の間は違い棚もあった

に数えられるもの」（『佐賀新聞』昭和三二年一〇月三一日号）という、実に立派なものであった。

一階に五つの和室、二階には和・洋各一室といった造りになっており、三五畳半の大広間には、佐賀藩士で後に明治政府で活躍し、書家としても知られた副島種臣《そえじまたねおみ》の手による「協和館」の大きな額が掲げられていた。

もともと協和館は、初代佐賀県知事によって一八八六（明治十九）年、松原二丁目に一般市民が使える社交場として造られたものだった。それが、別名「佐賀の鹿鳴館《ろくめいかん》」と呼ばれていたゆえんである。移築前は、別の場所で佐賀市庁舎として利用されていたが、一九一三（昭和三二）年、佐賀郵便局建設計画により、空いていた佐賀城天守台に引っ越すことになり、以降、集会施設として利用されていた。

天守台への移築後、この「佐賀の鹿鳴館」は、月見や花見などの季節に応じた行事のほか、書道教室などの習い事や市民サークルの活動などに使われ、庶民の憩いの場として幅広く活用されていたという。

しかし、いくら市民のためとはいえ、このような庶民的社交場を、かつての権力の象徴である城のど真ん中に建ててしまうとは……。

ちなみに佐賀藩は、日本で最初の洋式反射炉「築地反射炉」を築造し、初めて鋼鉄製の大砲の鋳造に成功するなど、西洋近代化を全国に先駆けて推し進めた藩だ。今風にいうならば、スタートアップに成功した「ベンチャー藩」だったわけだ。歴史作家の司馬遼太郎《しばりょうたろう》氏は佐賀藩の先進性を評し「幕末、佐賀ほどモダンな藩はない」と、その著書に書いている。この「佐賀の鹿鳴館」の天守台への移設も、佐賀鍋島藩の慣習に囚われない自由な気風をよく表しているようで面白い。

御殿復元に伴う「佐賀の鹿鳴館」のその後

長年多くの市民に利用され愛されてきた「佐賀の鹿鳴館」だったが、持ち上がった本丸御殿復元計画により、再度の引越しを余儀なくされることとなる。計画は佐賀城跡地に佐

写真提供：佐賀市教育委員会

南西より解体工事着工直前

写真提供：佐賀市教育委員会

同じく南西より解体完了後

賀城本丸御殿の一部を忠実に復元することを目指しており、協和館は雰囲気が合わないとされたのだ。また、移設当初から天守台に建つ協和館を、佐賀城の天守閣と勘違いする人があとを絶たなかったことも、協和館の再移設やむなしとされた理由の一つだった。

解体を報じる当時の新聞記事にも「景観に合わないことや城郭と見間違えられることも解体の理由となった」(『朝日新聞』二〇〇三(平成十五)年十一月二四日号)との記述が残されている。これを受け、県は保存のため何とか協和館を再移設すべく努力したが、適当な場所が見つからない。再建築の費用も一億円以上かかるとされたため、財政再建中だった県には解体しか道はなく、移設を諦めざるを得なかった。その後、計画通り、二〇〇四(平成十六)年には、本丸御殿の一部が復元され、佐賀城本丸歴史館として開館する。協和館はこれに伴い、解体され、天守台跡は更地に戻され今に至る。

かつては市民で賑わった協和館だったが、解体前の二〇〇三(平成十五)年の新聞記事には、「昨年度の稼働率は六・九%で使用料として二八万六千円入ったが、維持だけで一七六万円かかった」(『朝日新聞』二〇〇三(平成十五)年十一月二四日号)とあり、晩年は市民の利用も少なくなっていたようだ。また「台風などで瓦や窓ガラスは損壊したまま。室内にあった副島種臣らの書も色あせが目立ち、県立博物館に避難させたほど」(『朝日新聞』二〇〇三（平成十五）年十一月二四日号）と、建物の老朽化も激しかったと見られる。長年市民に仕え、建物としての使命は果たし終えた、といったところなのだろう。

その後、解体されはしたものの、佐賀県に明治期の建築物は少ないため、県は将来の観光資源としての活用の可能性を考え、協和館の部材はすべて保管するという英断を下した。

海外からの観光客が多く日本を訪れている今日、いつの日にかまた、「佐賀の鹿鳴館」が復活し、今度は外国客をもてなす本物の鹿鳴館のように利用される時が、いつか来るかもしれない。

佐賀城
佐賀県佐賀市城内2-18-1／佐賀駅から徒歩約25分
見学自由／9時30分〜18時

熊本城
【熊本県熊本市】

西南戦争の真っただ中で起きた原因不明の大火のミステリー

　熊本県のシンボルであり、日本三大名城の一つに数えられる熊本城。築城の天才・加藤《かとう》清正《きよまさ》が、一六〇一（慶長六）年から一六〇七（慶長十二）年までの、七年の歳月をかけ、当時の最新技術と自らの実戦経験から得た知恵の限りを尽くして造り上げた、天下の名城だ。残念ながら、二〇一六（平成二八）年の熊本地震では、城郭をはじめ石垣が崩れるなど、甚大な被害を蒙ってしまった。現在も修復が進められているが、天守閣は実は一九六〇（昭和三五）年に復元されたものだ。

　オリジナルの天守閣は、築城から二七〇年が経った一八七七（明治十）年、西南戦争《せいなんせんそう》の真っ最中に突如、発生した謎の大火により、焼失してしまった。公式な記録が残っていないため、この原因はわかっておらず、いまだ解かれぬ歴史ミステリーのひとつになっている。この年の二月十五日、西郷隆盛《さいごうたかもり》率いる薩軍は中央政府に対しクーデターを起こし、政府軍の拠点であった熊本鎮台（熊本城）へと兵を進めた。世にいう西南戦争の始まりである。これに対し、鎮台の司令長官、谷干城《たにたてき》は、難攻不落と謳われた熊本城を頼り、籠城作戦で対抗する。

謎の大火事が発生したのは、薩軍が到達する直前の二月十九日の昼のことである。伝えられているところによると、熊本城本丸の中心部、すなわち天守閣を含む本丸御殿や櫓が、突如、原因不明の大火に飲み込まれ、その火はさらに城下町のほとんどを焼いてしまったとされている。

今もなお憶測が飛び交う出火原因のナゾ

官軍の参謀副長だった児玉源太郎《こだまげんたろう》による「熊本城籠城談」には、城が炎上する様子が以下のように描かれている。

「不図見上ぐると云ふと、名にし負ふ天下の名城はあはれ紅蓮の焔に包まれて、炎々たる火の粉が真一文字に天を焦がす中に、流石は名匠の手に成た天守閣のみは〇然として火の中に立って今は宛ながら一本の火柱が大地の上に立つたやうに燃え盛つて居るが中々容易に其れが焼け落ちない、実に其有様と言たら壮観とも何とも譬えやうがなく、イヤあんなことは一生に二度と観ることは出来ないね」（シンポジウム「熊本城炎

上の謎に迫る！」資料より）

この出火原因については、当時から現在に至るまで様々な憶測が飛び交っていているのだが、主に考えられているのは、

1. 城内に紛れ込んだ薩軍のスパイによる放火説
2. 籠城が失敗し城を奪取された場合に備えた官軍による自焼説
3. 何らかの過失による失火説

の三つである。

研究者の間でも意見が分かれているものの、官軍による自焼説は根強く支持されているようだ。その大きなヒントの一つとなっているのが、一九九九（平成十一）年から二〇〇七（平成十九）年にかけて、熊本県により行われた本丸御殿の発掘調査である。

調査では、出土した陶磁器やガラス製品、事務用品などの被熱状況から、火元は小広間、すなわち司令部からだった可能性が指摘された。通常、司令部というものは火の気のある場所ではなく、入口から最も奥まったところにある小広間は、外部の者が容易に侵入でき

写真提供：長崎大学附属図書館

1875（明治 8）年頃の大天守。手前は加藤神社の鳥居

る場所でもない。それに放火であれば、昼ではなく、夜の時間帯を選ぶのが自然だろう。つまり、この調査結果は放火や失火の可能性が低いことを示している。

官軍による自焼説が有力な根拠とは？

また、熊本城焼失からわずか半年後の一八七七（明治十）年八月に出版された書籍『西南戦争記事』も、官軍自焼説が支持される、以下の大きな手がかりを記している。

「(二月）十八日鎮臺より命を下して，明十九日第十二時市街人民の家宅を焼拂ふべき旨を達しければ人民の狼狽言んかたなく、什具を背負て逃るあり、老幼を携て走るあり、東西に泣叫ぶものあれば、南北に逃迷ふものありて、上を下への混乱は宛（さな）がら鼎の沸が如く、号泣悲哀の惨酷はあはれといふも愚かなり・・・斯て翌日定斯の刻限を遅るゝ三十分ばかり、人民の悉く東西に退きしを見て、三発の号砲を相図に場内の天主閣を焼拂ふ」（二四頁）

文中には、「大火の前日の十八日、鎮台が翌日に城下の町を焼く旨の命令を出したため、人々は狼狽し生活道具を背負い、老人や幼子を連れて走る者、泣き叫ぶ者、逃惑う者などで湯が沸騰するような混乱ぶりだった、当日は三発の号砲を合図に天守閣が焼き払われた」

写真提供：長崎大学附属図書館

1876（明治 9）年頃。右から櫨方（はぜかた）三階櫓（西南戦争前に解体）、大天守、小天守

という内容が記されている。

このほかにも、官軍が薩軍との戦闘を前に「射界の清掃」として市中に火を放ったとする話が伝わっており、その様子を、官軍の警視隊に所属していた喜多平太は、日誌に「火勢天に輝き白日の如し」と書き残している（『西南戦争勃発』）。

これらの内容が本当だとすれば、籠城を前にし、到達する薩軍に町のインフラや食糧を利用されることを恐れた谷が、焦土作戦をとったと考えるのが自然だろう。

また、大砲などの火器がすでに発達していた当時、巨大な天守閣が敵の砲撃の恰好の標的となり、それが自陣内での大火災や混乱につながることを谷が危惧していたであろうことは想像に難くない。戦闘前に、不利となる要素はすべてなくしておこうと谷が考えていたのだとしたら……。ここに、官軍による自焼説が現実味を帯びてくる。

さらに、天守焼失から遡ること七年前、熊本藩知事となった細川護久《ほそかわもりひさ》の下で実行された藩政改革では、中央政府に対し、多額の維持費が必要となる熊本城の破棄を自ら願い出ていて、政府はこれを許可していたといういきさつがある。

その後、政府が「廃城令」を出したこともあり、当時、城を「焼却」することに対し、人々の間に大きな心理的抵抗はなかったのかも知れない。

それでもまだ謎の残る天守の消失

ここまで見れば、自焼説が有力であるように思えるが、いくつかの大きな疑問も残されている。二〇一七（平成二九）年十一月五日に行われた、「西南戦争一四〇年記念シンポジウム『熊本城炎上の謎に迫る！』」では、集まった専門家らが様々な角度から議論し、自焼説の反証となる証言についても意見が交わされた。

その中で、熊本城顕彰会の富田紘一氏が紹介した、出石猷彦《いずしみちひこ》講演速記「熊本籠城の実況」には、出火に際して「それで其前日迄に苦心をして買収した兵粮が、其の櫓なり櫓下に皆積込んであったのであります、然る所が之を取出す暇もなければ、瞬たく間に悉く灰燼になって仕舞った」（シンポジウム「熊本城炎上の謎に迫る！」資料より）との記述があり、籠城においては生命線ともいえる貴重な糧米が燃えてしまったと語っているのである。

また、弾薬については、燃え上がる火の手を前にして（弾薬）庫の扉を開けたら爆発するのは当然で、誰も手を出さなかった。「所が児玉参謀が頻に奮発せられて、庫を開けいと言はれた。そこで始めて倉庫へ近寄って其弾薬を取り出した。若もそれが焼けて仕舞うたならば、敵を喰い止める術なく、籠城しやうと言ても台兵は絶体絶命で、籠城の仕様もなかった」（シンポジウム「熊本城炎上の謎に迫る！」資料より）と、命がけで運び出した様子を伝えている。

戦いを有利に進めるために城に火を放ったのであるならば、籠城に必要な食料や弾薬を事前に移動していないのは非常に不自然で、自焼説はこれらの点において矛盾し完全さを欠くとされている。

これらに加え、火災当日に熊本から中央政府に対し出された電報では「本日十一時十分、鎮台自焼せり」としているが、その後、夜に出された第三報では「火災は炭俵より起こり、怪火に相違なし、原由詳ならず」と、火災原因は不審火であり、原因不明と説明している

人力車は観光客だろうか　　写真提供：長崎大学附属図書館

1874（明治 7）年頃、備前坂より。中央の石垣上は飯田丸五階櫓、その左奥に大天守。

など、経緯がはっきりとしないのである。このように、考えれば考えるほど謎の深まる熊本城の焼失ミステリーだが、現時点では決定的な証拠は見つかっていない。
さて、天守焼失後の熊本城だが、その後に始まった三日間の直接攻防では、一兵たりとも城内への侵入を許すことなく、薩軍の猛攻に見事、持ちこたえたのである。難攻不落の呼び名の通り、天守閣を失くしながらも、見事その堅牢ぶりを実証した形となった。

熊本城
熊本県熊本市中央区本丸1-1／熊本駅からバス28分／見学自由／現在、修復工事のため一部立入禁止

二本松城
【福島県二本松市】

少年隊の悲劇の舞台で起きた謎の天文台建設と電波実験

直木賞作家の綱淵謙錠《つなぶちけんじょう》は、「二本松城址の風」というエッセイで、二本松城の跡を訪れたときのことを書いている。

「『大壇口というのはどの辺ですか』／ふたたび頂上にもどって二本松市を見下ろしながら、わたくしは高野さんにたずねた。（略）／わたくしは眼を凝らしてその方向を注視した。／〈大壇は城南第一の要地にして、奥羽街道を扼《やく》し、左右は樹木鬱蒼たり。坂峻《けわし》く、地険に、我が兵胸壁を繞《めぐ》らして之を守る〉と『二本松藩史』にはある。ここで一八六八（慶応四）年七月二九日、二本松落城の日に、三春《みはる》軍に先導された新政府軍を迎え撃って少年隊が奮戦し、多くの戦死者を出したことは、会津の白虎隊《びゃっこたい》とともに戊《ぼ》辰《しん》戦争史を悲しく彩る一ページだ」

一八六八（慶応四）年の戊辰戦争で、二本松藩は奥羽越列藩《おううえつれっぱん》同盟に加盟して、新政府軍と戦った。隣藩の三春藩が新政府軍に寝返ることを懸念した二本松藩は、周囲に兵を派遣

写真提供：二本松市教育委員会

して警戒にあたるが、三春藩の背信により、七月、新政府軍は二本松領内に押し寄せた。三方を塞がれた二本松城は孤立し、場内で降伏すべきか交戦すべきかの議論が戦わされた。結局、徹底抗戦と決まり、二九日、早朝から攻防戦が行われた。しかし、圧倒的な兵力の差によって新政府軍に攻め込まれ、正午頃には落城した。

このとき、後に「二本松少年隊」と呼ばれるようになる少年兵も動員された。藩は十五歳以上の出陣を許可したが、同藩には「入れ子」という二歳のさばを読むことを黙認する制度があり、実際には、若くて十三歳から十七歳までの六二人の少年が出陣することになった。二九日の戦闘により、戦死者十四人、

天文台があった頃の写真。中央の一本高い木の脇に小さく見える

負傷者七人を出す悲惨な結果をもたらした。この事件は幕末史の悲劇として語られるが、武芸の心得のない少年を戦場に出した藩を批判する意見もある。

ともあれ、落城した二本松城は、一八七二（明治五）年の廃城令ですべて壊された。翌年、城跡で二本松製糸会社（後の双松館《そうしょうかん》）が創業。産業の近代化に大きな役割を果たす。

現在、この地は県立霞ヶ城公園になっており、石垣と再建された箕輪門《みのわもん》がある。また、平成になって、本丸跡の石垣が積み直された。

城跡に建てられた城郭風の天文台の謎

一九五八（昭和三三）年、二本松城址では

一風変わった二つの出来事が起きた。

一つは、三五教《あななない》によって設置された奥州《おうしゅう》天文台である。これは城郭をモチーフとした建築で、「回転天守閣を伴う木造三階建て」であった。三五教は一九四九（昭和二四）年、中野與之助《なかのよのすけ》を創始者として、静岡県清水市で創設された新興宗教団体。中野は戦前に大本《おおもと》教《きょう》に入信し、第二次大本事件では、幹部の一人として逮捕されている。

この三五教から天文台を造ってほしいと依頼されたのが、山本一清《やまもといっせい》だ。山本は、一九二五（大正十四）年に京都帝国大学教授となった天体力学の研究者。大学内で「天文同好会」を組織し、京大のもつ花山《かざん》天文台の初代天文台長に就任。その後、各地の天文台建設に関わっている。

山本が指揮を執るかたちで、一九五七（昭和三二）年、静岡県沼津市に「香貫山《かぬきやま》天文台」を建設。これは城郭建築を模した建物だった。なぜ、このような形を採ったかについて、山本は「そもそも昭和の城というものは大坂の新城建築にその端を発する一種の流行」であり、「城を天文台にでも利用して、新しい文化的利用法」にすればいいと述べている。

この時期に各地で城の再建が続いていたことが背景にあると、研究者は指摘する。以後、三五教は福岡県筑後《ちくご》市、徳島県池田町、愛知県岡崎市、岐阜県多治見《たじみ》市、岩手県北上《きたかみ》市、熊本県山鹿《やまが》市などに天文台を建設。そのうち、二本松を含む六カ所は「回転天守閣」をもつ木造あるいはコンクリート三階建てだった。しかし、資金難のためか、撤去される天文台が多く、二本松の奥州天文台も一九九一（平成三）年に撤去されている。

もう一つの出来事は、十一月一日から二本松市霞ヶ城脇と宮城県古川商業高校の校庭で、「対流圏散乱伝搬実験」が行われたことだ。目的は電波が気象状況によってどのように変化しどこまで届くか、また、一つの電波で何チャンネル（回線）のテレビや電話を搬送できるかということだった。実験を報じた新聞記事の写真には、実験所とアンテナの後ろに城のような建物が写っている。これが三五教の奥州天文台だとすれば、この二つにはどういう関係があるのだろうか？　謎は深まる。

■二本松城
福島県二本松市郭内3－232／二本松駅から徒歩20分／見学自由

写真提供：二本松市教育委員会

上空から見ると、天守台の上に載った天文台がよくわかる

米子城

【鳥取県米子市】

天守の廃材を風呂の焚きつけに!?
所有者が点々とし数奇な運命をたどる

明治維新後、米子城は廃城となり、取り壊された建物は風呂の薪にされたという説がある。一九三三（昭和八）年、「米子城捨売り秘話」と題して「米子毎夕新聞」に掲載された記事（未見）で語られている。作家の火野葦平《ひのあしへい》もこの説を基に、『蛇体新助』（『別冊小説新潮』一九五八（昭和三三）年一月、『百年の鯉』筑摩書房に収録）という短編を書いている。そこでは、新助は、城のある湊山《みなとやま》には蛇の主がいる、と止められたが、祟りを恐れずに城を解体し、古道具として処分した残りの古材を風呂屋に売ったとある。

果たして、この話は本当なのだろうか？

米子城が歴史に初めて現れるのは一四六七（応仁元）年。山名宗之《やまなむねゆき》が米子飯山砦《いいのやまとりで》を築いたという。その後、尼子《あまご》氏、毛利《もうり》氏が米子城を支配する。一五九一（天正十九）年、秀吉から西伯耆《にしほうき》、出雲、備後などの領有を認められた吉川広家《きっかわひろいえ》が、米子城の築城を開始。さらに中村氏、加藤氏を経て、一六一七（元和三）年、因幡《いなば》・伯耆三二万石の領主となった池《いけ》田光政《だみつまさ》の一族・池田由之《いけだよしゆき》が米子城を預かる。ここまで城主が何度も変わっている。しかし、池田光仲《いけだみつなか》が鳥取藩主となると、首席家老の荒尾成利《あらおなりとし》が米子城を預かることになる。一国一城令の例外として、城は伯耆国の軍事上の要地を守備するため残され、荒尾氏による「自分手政治」が認められた。以降二三〇年間、十二代にわたり荒尾氏が米子を治める。城は中海《なかうみ》に突出した標高九〇メートルの湊山の上に築かれ、山頂部の本丸には大天守と小天守が備えられた。小天守は吉川広家、大天守は中村一忠《なかむらかずただ》と横田村詮《よこたむらあき》が建造したものである。

士族に古道具屋……城の所有者が点々

幕末には、水戸徳川家の当主・斉昭《なりあき》の子である池田慶徳《よしのり》が鳥取藩主となり、尊王攘夷寄りの立場をとる。「鳥羽・伏見の戦い」では、家老の荒尾成幸《なりゆき》の決断により、新政府側についた。そのため、山陰道鎮撫《ちんぶ》総督の西園寺公望《さいおんじきんもち》一行が米子城に入っている。一八六九（明治二）年には、版籍奉還に伴い、荒尾家による「自分手政治」が廃止になる。同年五月には、朝廷より米子城返上の命令があり、米子城を藩庁に引き渡した。一八七一（明治四）年の廃藩置県で、生活の手だてを失った鳥取藩の士族を中心に結成

写真提供：冨田久夫

米子城天守の姿が写る貴重な写真

された新国隊は、公債の代わりに城の無償払い下げを主張した。運動が功を奏し、翌年、米子城山が士族の小倉直人らに払い下げとなる。しかし、その扱いをもてあましたようで、米子町戸長に買い取り交渉するが不成立に終わる。結果、一八七三（明治六）年に、城内の大半の建物は切り売りされ、天守などは尾高町の古道具屋・山本新助に三七円で買い取られた。山本は金目の物を取り外し、余りを風呂屋の薪として売ったというが、真偽は不明だ。

はや〝築城〟20年を超えた壽城

現在残っている米子城の遺物は、鯱や瓦の一部、城内で使われていた梯子、二の丸御殿の桟だけだという。そのうち鯱は、米子城が新国隊に払い下げられた際に責任者だった伊《い》吹《ぶき》市《いち》太郎《たろう》が、義方《ぎほう》小学校の初代校長に任じられたとき、校舎の屋根に飾ろうともらい受けたという。そのため、今でも同校に保管されている。

明治の後期には、複数の持ち主に分かれていた米子城の跡地は、ほとんどが坂口家の所有となる。そして、一九三三（昭和八）年、二代坂口《さかぐち》平兵衛《へいべえ》が湊山の土地約三四〇〇〇坪を米子市に寄付。これに基づいて、湊山公園整備計画が策定され、米子市がほかの民有地の買収を進め、城跡の大半は米子市の所有となった。一九五六（昭和三一）年には、米子城跡は湊山公園の一画となった。天守はなくなったが、石垣などは残ったのだ。その後も、城跡の保存活動が続けられている。

見つかった古写真と米子城の再現

二〇一七（平成二九）年三月、米子市教育委員会の調査で、解体される前の一八七二（明治五）年頃に撮影された米子城の写真が、荒尾氏の重臣の子孫が保管していたアルバムの中から見つかった。山頂の天守から城下町までが映っているもので、米子城の全体像がわかる貴重な資料である。

また、米子市の寿《ことぶき》製菓株式会社は一九九一（平成五）年に、道路沿いに米子城を再現した「壽城《ことぶき》」を建設。地上二七メートルの展望台を備え、米子の観光スポットとして認知されている。石垣の一部には米子城のものも使われているという。

米子城
鳥取県米子市久米町／米子駅から徒歩15分／見学自由

沼津城
【静岡県沼津市】

今や幻となった徳川ゆかりの城は明治初期に先進的な教育機関だった

かつて沼津に城があったことを、地元の人たちすら知らないという。それぐらい、城の名残が消え失せてしまった。ここまで痕跡の残っていない城跡は全国でも珍しく、「幻の城」とも呼ばれている。その場所は、沼津駅の南側一帯である。

一五七九（天正七）年、武田勝頼《たけだかつより》がこの地に三枚橋城《さんまいばしじょう》を築く。後年、築かれる城と区別するために「沼津古城」と呼ばれる。武田氏の滅亡後は、徳川家康《とくがわいえやす》の子である松平忠吉《まつだいらただよし》、続いて中村一栄《なかむらかずしげ》、大久保忠佐《おおくぼただすけ》が城主となるが、忠佐の死後、後継ぎがいないことを理由に一六一四（慶長十九）年には廃城となった。以後一六〇年間、沼津の地には城がなかった。

一七七七（安永六）年、水野忠友が三万石で沼津藩主となる。忠友は田沼意次《たぬまおきつぐ》と手を結び、側用人《そばようにん》から若年寄、老中と出世していく。この翌年から築城工事が開始された。これを「沼津新城」と呼ぶ。この城は三枚橋城を利用して造られているが、長く平和が続いていた時代ゆえ、古城に比べると、規模は小さかったようだ。城域が二重堀で囲まれた同心円的な縄張りの平城で、七カ所の城門と四基の櫓があった。櫓のうち一基は天守の代用である。

二代忠成《ただあきら》も老中となり、貨幣改革を行った功績で二万石を加増された。水野氏の沼津支配は八代・九〇年間続く。しかし一八六八（明治元）年、徳川家達《いえさと》が新しくできた駿府府中藩七〇万石の城主となったことに伴い、水野家は上総国《かずさのくに》（千葉県）菊間に転封となる。

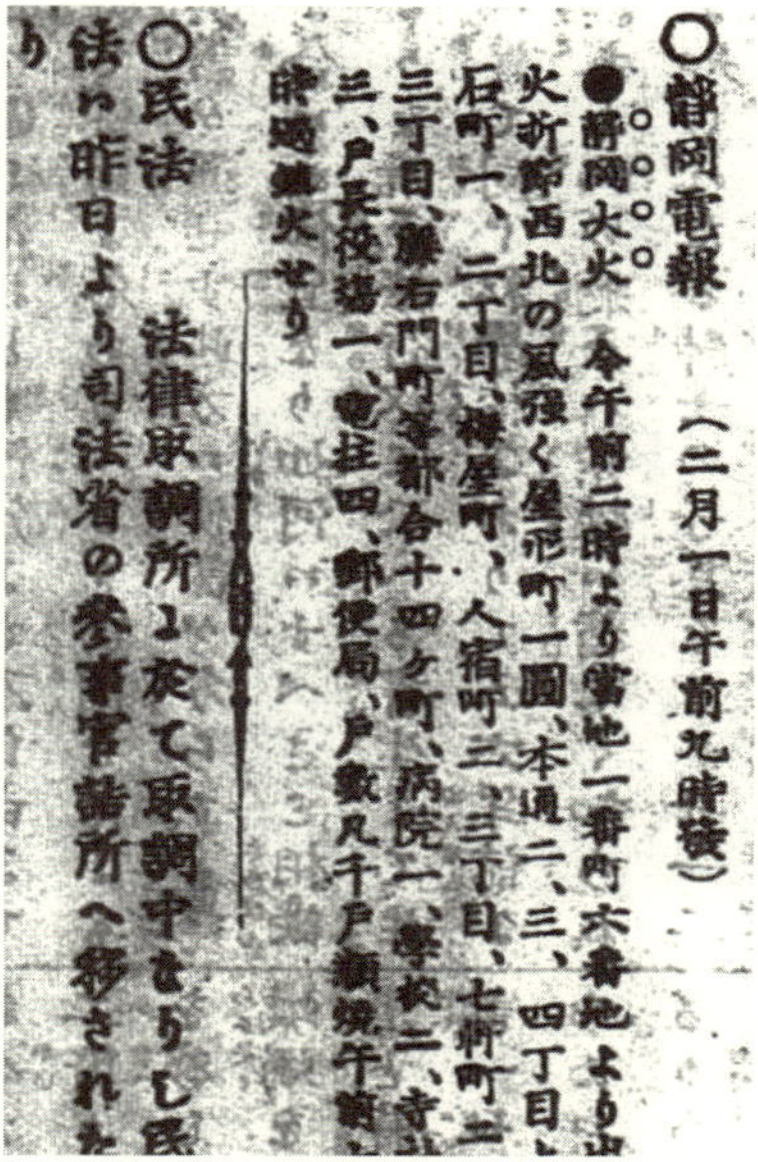
○静岡電報　（二月一日午前九時發）
●静岡大火　○○○○　今午前二時より當地一番町六番地より出
火漸節西北の風強く呉服町一圓、本通二、三、四丁目、
石町一、二丁目、梅屋町、人宿町二、三丁目、七軒町二
三丁目、藤右門町等都合十四ヶ町、病院一、學校二、寺社
三、戸長役場一、電柱四、郵便局、戸數凡千戸類燒午前七
時過鎮火せり
○民法　法律取調所に於て取調中なりし民法は昨日より司法省の参事官詰所へ移されたり

『東京日日新聞』明治22年2月2日号

理想を掲げた沼津兵学校が城の中にあった

一八六九（明治二）年正月、沼津兵学校が開校する。静岡藩すなわち徳川家の陸軍局が擁した三〇〇〇人を各地に土着させ、普段は農業、商業などで自活させるとともに、優秀な者を選抜して、将来には役職に任命するという

写真提供：沼津市教育委員会

沼津市中央公園に立つ城址の碑

趣旨だった。

兵学校の頭取は西周《にしあまね》で、教授陣は小筒組、書院組、広間組に属した士官と、陸軍御用取扱に属した者から選ばれたという。生徒は、正規の「資業生《しぎょうせい》」と暫定生徒、付属小学校の「童生《どうせい》」の三種類に分かれていた。資業生は歩兵科、砲兵科、築造科の専門課程に進む前の基礎課程であり、後年の中等教育のレベルだったといわれる。

理想に燃える西周は同年四月に「徳川家沼津学校追加掟書」を起草し、兵学科に加え、文学科を新設することを主張した。つまり、総合大学を目指したのである。しかし、これは実現せず、兵学校のままで終わった。

兵学校の校舎には沼津城の二の丸御殿があ

てられ、生徒たちはかつて藩主が使用した玄関から出入りした。資業生の回想には「控え室にあてられた大部屋には火鉢が二つ置いてあり、休み時間や昼食時には生徒たちが群集し、やかましかった。教室は大小各種あったが、だいたい一〇畳式以上であり、黒板に向かって机・椅子が並んでいた。椅子は三、四人一緒に腰掛ける形式のものだった。内部は暗い上、冬は寒く夏は暑かった」とある。

付属小学校は庶民に対し門戸を開き、女子の入学も許可するなど、開明的な教育が行われていた。その存在は沼津の町に文明開化の気風をもたらしたようだ。しかし、一八七一（明治四）年、廃藩置県により、静岡藩が消滅。翌年五月には廃止が決定し、資業生たちは東京の陸軍教導団に編入された。

建物の払い下げ後に火災や戦災にも見舞われる

一八七二（明治五）年、沼津城の土地と建物は静岡県によって競売にかけられ、民間に払い下げられた。翌年十一月の「沼津城建物払下げにつき入札の件達」という文書によれば、本城建物、中ノ門内番所、本城石蔵、本丸多門、本丸内書生寮、太鼓門、内郭納屋、同米蔵、外郭米蔵、喰違門《くいちがいもん》、外郭練兵所物置、同稲荷社、同修業兵屯営《とんえい》、丸馬出門《まるうまだしもん》、大手《おおて》渡櫓《わたりやぐら》、外郭大手門などに番号が付され、希望者は封書で入札するようにと知らせている。このときに払い下げられたものが伝えられたようで、沼津城と記された瓦をもつ家は多いという。

沼津城の解体後、一八八九（明治二二）年、東海道線開通に伴い、沼津駅が城址の北部に設置され、城内を南北に縦貫する駅前道路が設けられた。さらに、一九一三（大正二）年と一九二六（大正十五）年に起きた大火、一九四五（昭和二十）年の戦災、そして戦後の市街地整理によって、堀も石垣も取り壊されてしまった。かくして、沼津城は「幻の城」となったのである。

沼津城
静岡県沼津市大手町4／沼津駅から徒歩10分／見学自由

第二章

現存十二天守の意外なエピソード

松山城【愛媛県松山市】

連続放火魔により城が炎上！大天守だけが奇跡的に助かった

松山市内を歩いていると、市の中心部にそびえる標高一三二メートルの勝山の上に、威風堂々と建つ松山城が見える。「賤ケ岳《しずがたけ》の戦い」で「七本槍」の一人に数えられた、加藤《かとう》嘉明《よしあき》が築城を開始した城である。一六〇二（慶長七）年に工事を始め、翌年には、嘉明も新城下に居を移したが、完成前の一六二五（寛永二）年に会津に転封。その後、出羽国《でわのくに》上山城《かみのやまじょう》から入国した蒲生忠知《がもうただとも》が工事を引き継ぎ、一六二七（寛永四）年まで工事を継続。最後に西部の山麓に二之丸が完成すると、天守を中心とする本丸、二之丸の西方の三之丸、さらに出郭《でぐるわ》として北ノ郭・東ノ郭などがある城郭が成立した。本丸には大天守・小天守などがそびえる本壇があった。

しかし、忠知に跡継ぎがいなかったため、一六三四（寛永十一）年に家は断絶。翌年、伊勢桑名藩《いせくわなはん》より松平定行《まつだいらさだゆき》が入封し、伊予十五万石の藩主となった。定行は約三年の月日をかけ、一六四二（寛永十九）年に、天守を五重から三重に改築した。

写真提供：松山市教育委員会

大正時代の北郭の二重櫓門

江戸時代から何度も火災に遭う

天守の改築から約一四〇年が経った一七八四（天明四）年正月、落雷により火災が発生し、天守など、本丸の主要部分が焼失した。幕府より復興の許可を得たが、藩の財政難によりなかなか着工できず、ようやく工事が始まったのは一八二〇（文政三）年だった。しかし、復興工事開始から十六年目の年に作業場が火災。再び工事は滞る。工事が完了したのは、すでに幕末期に入った一八五四（安政元）年だった。現在残る天守はこのときのものである。

一八六八（明治元）年の「鳥羽・伏見の戦い」で幕府側についた松山藩は、土佐藩に城

写真提供：松山市教育委員会

焼失前の小天守と天守（右奥）を本丸から見上げる。大正期撮影。

を攻められ開城。当時の藩主だった松平勝成《まつだいらかつしげ》は、松平姓を返上して久松《ひさまつ》姓を名乗る。さらに一八六九（明治二）年の版籍奉還で領地・領民を朝廷に返上し、久松勝成は松山藩知事となり、三之丸に藩庁が置かれた。

しかし、翌年の一八七〇（明治三）年、三之丸が火災に遭い、焼失。藩庁は二之丸に移されたが、その二之丸も一八七二（明治五）年に火災に遭ってしまう。江戸時代も明治時代も火災に悩まされ続けた城であった。

一八七三（明治六）年のいわゆる廃城令では、松山城は廃城処分に決定。大蔵省の所管となり、次いで内務省が管轄した。

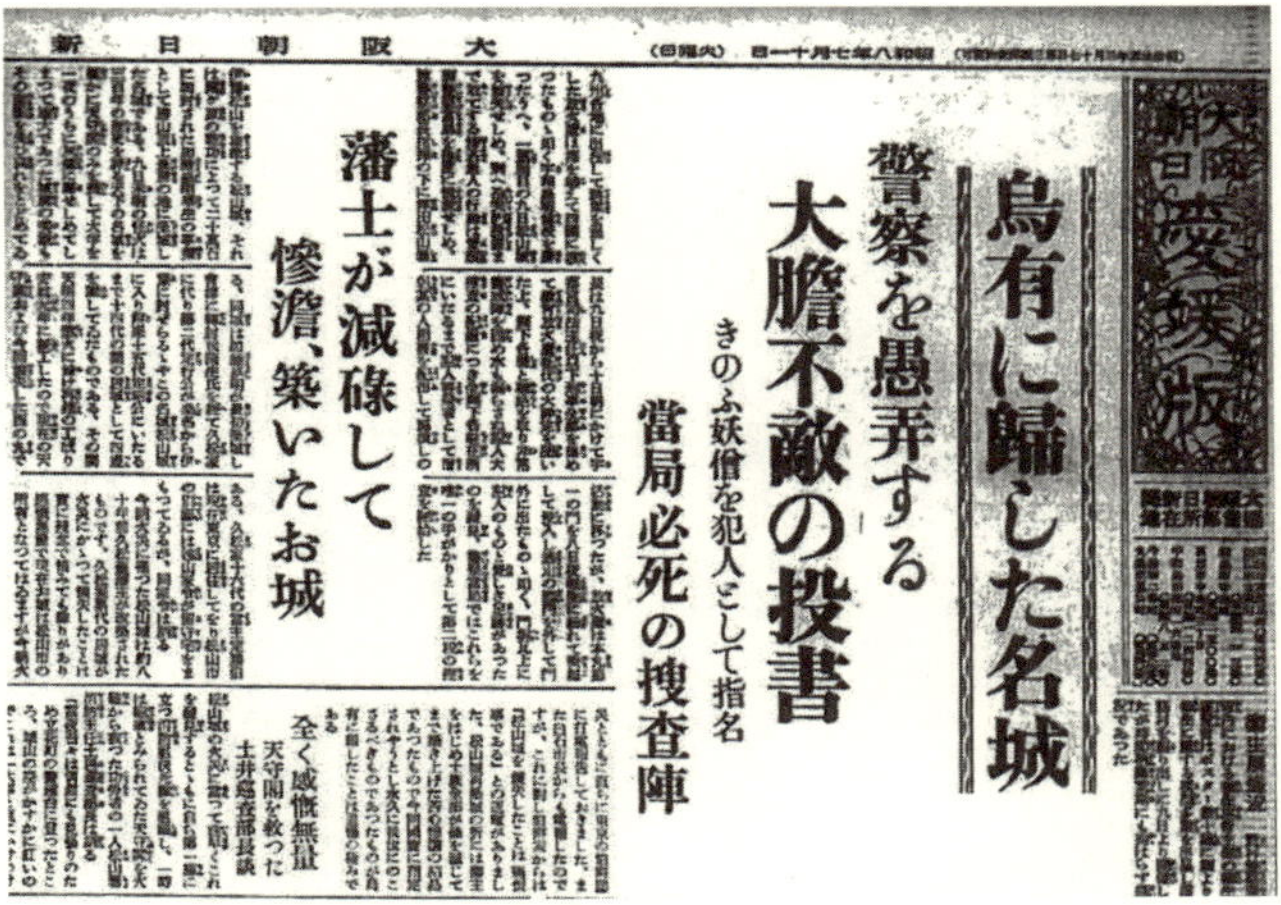

『大阪朝日新聞』昭和８年７月11日号

大天守を救った「築城の妙」

廃城後は、本丸一帯が公園となり「聚楽《じゅらく》園《えん》」と名づけられた。さらに、東ノ郭は病院や女学校として利用、三之丸は歩兵営や練兵場として陸軍省に移管、また二之丸も病舎建築のため、陸軍省の管轄となった。

一九二三（大正十二）年、本丸一帯がかつての藩主であった久松家に政府より払い下げられた。当主だった久松定謨《ひさまつさだこと》は、これを松山市に寄贈。以降、市によって松山城は大切に保存されていた。

そんなとき、恐るべき事件が起きた。一九三三（昭和八）年七月九日午前一時頃、松山城の大天守の西側、小天守の櫓付近より出火。

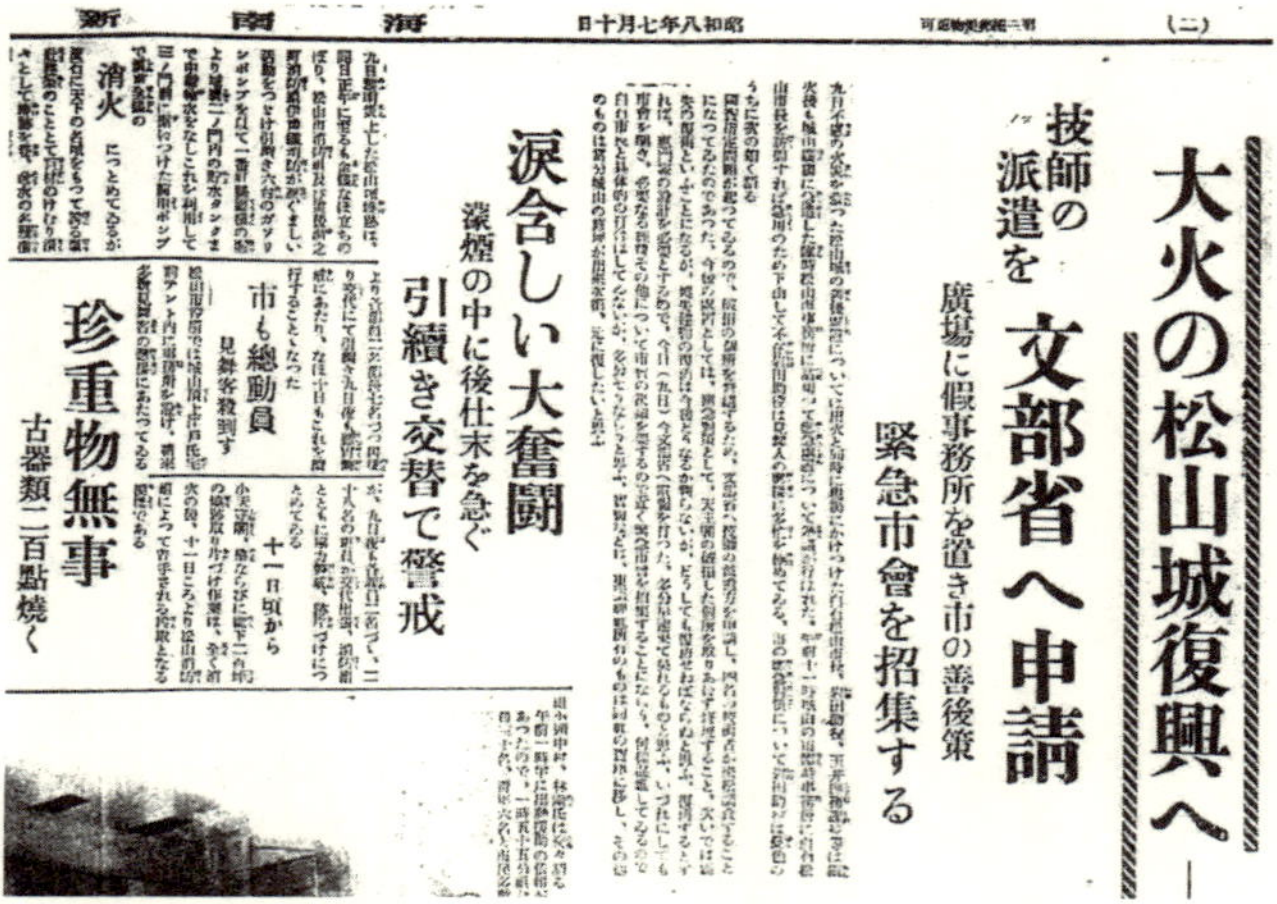
海南新聞　昭和八年七月十日　（二）

大火の松山城復興へ―

文部省へ申請

技師の派遣を

廣場に假事務所を置き市の善後策

緊急市會を招集する

涙含しい大奮闘

濛煙の中に後仕末を急ぐ

引續き交替で警戒

消火

市も總動員

見舞客殺到す

十一日頃から

珍重物無事

古器類二百點燒く

『海南新聞』昭和８年７月10日号

松山署消防主任土肥巡査部長が火災を発見し、通報した。「城山の空がかすかに紅いのでこれは一大事と直にかけつけた」（大阪朝日新聞／七月十一日付）と、土肥巡査部長は当時の様子を振り返っている。

　連日の晴天で乾燥していたため、火は瞬く間に建物を包んだ。市内すべての消防組が出動、警官隊や消防隊が城のある勝山の上に動員されたが、山の上では消火用の水を確保することが難しかった。

　午前二時半過ぎ、ようやくポンプ数台を山の上に運び上げ、消火活動が行われたが、なかなか鎮火しない。市内の青年会や在郷軍人、陸軍の松山連隊なども総動員で消火にあたり、午前三時半過ぎ、ようやく鎮火した。大天守はかろうじて焼失を免れたが、小天守・南北隅櫓・多門櫓は燃え落ちてしまった。
これほどの大火災であったにも関わらず、なぜ、大天守のみが無事だったのか。同年七月十日付の海南新聞（現・愛媛新聞）では、「築城の妙」としてその理由を取り上げている。松山城は大天守や小天守などが別々の組み立てになっており、一方が焼けてきた場合、簡単に間を切り離せるように造られているという。消火活動に参加していた陸軍がこのことを知っていたため、夜の間、大天守に火がおよばぬよう注意していたことで、防火の効果を上げたということだった。

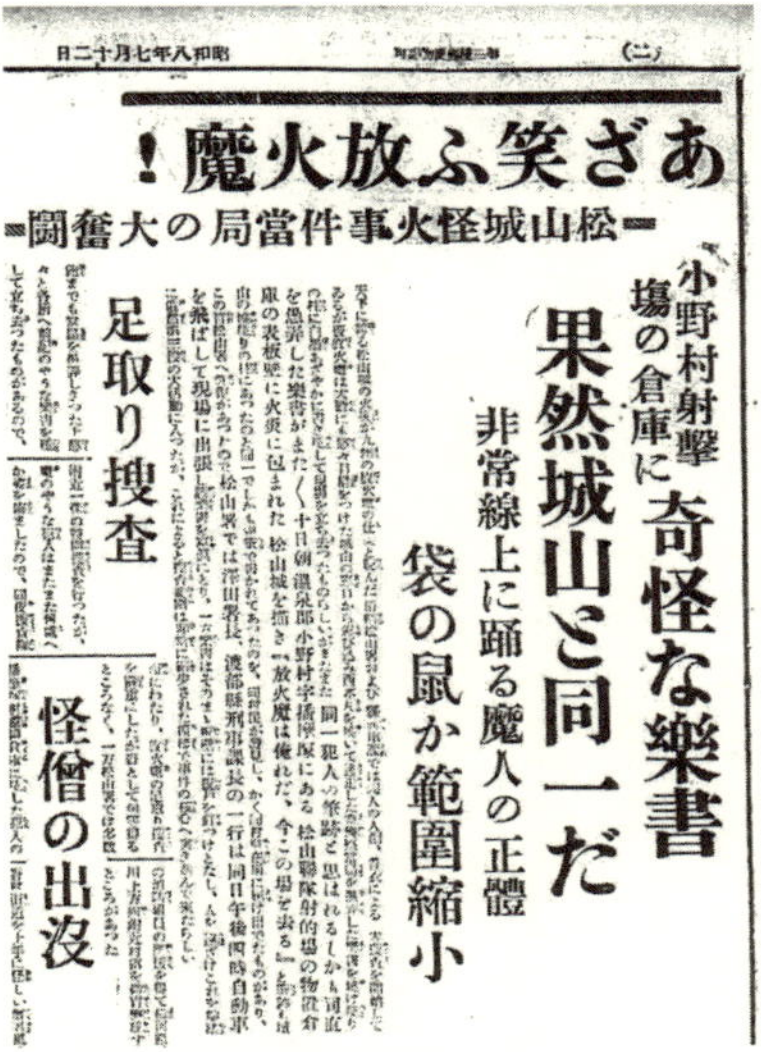
(二)　昭和八年七月十二日

あざ笑ふ放火魔！

—松山城怪火事件當局の大奮闘—

小野村射撃場の倉庫に 奇怪な樂書

果然城山と同一だ

非常線上に踊る魔人の正體

袋の鼠か範圍縮小

足取り捜査

怪僧の出沒

『海南新聞』昭和８年７月12日号

犯人から犯行声明と次なる予告が続々届く

松山署総動員での捜査の中で、翌十日には、この火災が放火によるものだと断定。日を追うごとに十数名もの容疑者があがり、新聞では複数の人間による共犯説なども出てきたが、犯人逮捕におよばなかった。

その後も、陸軍松山連隊の射撃場の物置に「俺が放火魔だ」という落書きを残したり、警察署や新聞社に犯行を告白する手紙などを送ったりと、犯人は警察やマスコミを挑発する行動を繰り返した。熊本県内の警察に送られた「怪文書」には、松山城放火について、下見の様子や火をつけた際の方法などまで詳しく記されており、放火犯からの投書に間違いないとされた。

また、松山城の火災が起きる以前に、松山市内の道後ホテルや宇和島市の明倫《めいりん》小学校で起きていた火災も、同一犯の仕業であることがわかった。犯人は、一九三二（昭和七）年から一九三六（昭和十一）年までの間に、九州や四国など西日本の寺院や教会、学校など五〇カ所近くを予告のうえ、放火。同年五月、ついに宇和島で逮捕された。いずれの火災でも死者は出ていないが、一九三七（昭和十二）年、松山地裁で放火犯としては最高刑の死刑が言い渡され、一九三九（昭和十四）年に執行された。

空襲でも焼け落ちなかった天守

放火犯の魔の手から奇跡的に逃れ、その姿を保った松山城の大天守。しかし、再び危機が訪れる。一九四五（昭和二〇）年七月二六日、松山市はアメリカ軍の空襲に遭い、焼夷弾八九六トンが投下された。それにより、旧市街地の九割を焼失。二五一名の死者と八名の行方不明者を出した。松山城も、天神櫓・馬具櫓・太鼓櫓・巽櫓・乾門・太鼓門など、旧国宝に指定されていた建物を含め、十一棟が焼け落ちた。

しかしここでも、天守は無事残った。灰と化した空襲後の街の中で、変わらずそびえる大天守の姿は、きっと松山の人々の心の支えとなったことだろう。戦後から平成にかけて、失われた建物群の復興が徐々に行われ、二〇〇六（平成十八）年には、天守など七棟の保存工事が完了し、松山城はかつての姿を取り戻している。

松山城
愛媛県松山市丸之内／松山駅から伊予鉄道市内線で10分、徒歩5分／天守510円／9時～17時（8月は17時30分、12月～翌1月は16時30分まで）

松本城
【長野県松本市】

荒れ放題で傾いていた天守を中学校校長の力で見事に立て直した

堀に囲まれ、五重六階の城としては現存十二天守の中では最古といわれている松本城。大天守と乾《いぬい》小天守《こてんしゅ》を渡櫓《わたりやぐら》で結び、辰巳附櫓《たつみつけやぐら》と月見櫓《つきみやぐら》が複合された、連結複合式天守となっている。下見板張《したみいたばり》の黒を基調とした姿が印象的だ。

大天守・乾小天守・渡櫓を築いた人物には諸説ある。一五九〇（天正十八）年に豊臣秀《とよとみひで》吉《よし》の命で松本地方の領主となった石川数正《いしかわかずまさ》・康長《やすなが》父子に創建された説と、石川氏が二代で改易になった後に入った小笠原秀政《おがさわらひでまさ》が修築した説だ。歴史学者によって主張は異なるが、松本市は石川氏により一五九三（文禄二）から翌年にかけて建てられたと、公式見解で述べている。

辰巳附櫓と月見櫓が増築されたのは寛永年間（一六二四〜一六四四年）、建てたのは小笠原氏・戸田氏の後に入った越前松平直政《まつだいらなおまさ》である。徳川幕府による治世も安定し始め、かつてのような戦いのための城を必要としなくなったことを表すような、風流な建築となっ

写真提供：松本深志高等学校同窓会

1901（明治 34）年頃の松本城天守。※レンズ収差による誇張あり

ている。

城の買い戻し資金を得るために博覧会開催

一八七一（明治四）年の廃藩置県により、松本藩は廃され、松本県が置かれた。同年十月、松本城は松本県から兵部省《ひょうぶしょう》の所管となる。さらに同年十一月には第一次府県統合があり、中南信と岐阜県高山地方までを範囲とした筑摩県《ちくまけん》が置かれることになる。その際、松本城二の丸御殿に県庁舎が設置された。それとともに、城内の門や塀の破却が始まった。

翌年一月、二の丸御殿を除いた天守などの建物が競売にかけられた。天守は二三五両一分永一五〇文で落札され、取り壊しを待つばかりとなっていた。そんなとき、城の取り壊しを阻止するために立ち上がったのが、松本城下の下横田町の副戸長《ふくこちょう》を務めていた市川量造《いちかわりょうぞう》だ。副戸長とはいわば、副町長のような立場であり、市川は長野県初の日刊新聞『信飛新聞《しんぴしんぶん》』を発行した人物でもある。市川は『信飛新聞』で松本城保存の重要性を訴え、松本だけでなく東京や大阪まで足を運び、松本城買い戻しのための募金を呼びかけた。さらに、市川は画期的な案を出す。城で博覧会を開き、その収益を買い戻しの資金にしようというのだ。

写真提供：松本城管理事務所

明治の大修理の様子

一八七三（明治六）年、松本城本丸にて、「第一回筑摩県博覧会」が開催された。現在でいう宣伝ポスターであった「筑摩県博覧会錦絵」を、当時の人気絵師・三代目歌川《うたがわ》広重《ひろしげ》に描いてもらうなど、力の入れようはすさまじかった。博覧会では骨董品なども展示されたが、やはり、今まで一般の人が足を踏み入れることができなかった城に入れることが、要因となったのだろう。一日に五〇〇〇人近くが訪れ、開催期間も十日間ほど延長されるという人気ぶりだった。

こうした市川ら有志の努力で、無事、松本城を買い戻すことができ、解体の危機は免れた。その後、松本城を会場とした博覧会は、一八七六（明治九）年まで五回も開催された。

十年にも及ぶ修理の完了を見届けた立役者

破却を免れた松本城は、一八七五（明治八）年には陸軍省から内務省に移管され、その後は本丸は農業試験場などに利用されていた。しかし、充分な管理をされることなく年月は過ぎ、建物は次第に荒れていった。瓦や壁は落ち、下見板が剥がれ、ついには、天守までが傾いてしまい、崩壊寸前となってしまっていた。

この状況を見かね、松本城の修理に向けて動き出したのが、松本中学校の初代校長小林《こばやし》有也《うなり》だった。松本中学校は一八八五（明治十八）年に、二の丸古山寺御殿跡に校舎が建てられた。一九〇〇（明治三三）年二月、本丸の農業試験場が松本中学校の運動場として利用されることになったことをきっかけに、小林は天守の修理工事を行うことを訴え、当時の松本市長小里《おり》頼永《よりなが》ら有志とともに「松本城天守閣保存会」を結成した。これにより多くの人々から寄付が得られ、一九〇三（明治三六）年、松本城はようやく修理工事に入ることができた。

この工事では主に、内部の石段の一部を積み替えたり、新たに筋違を入れたトラス構造を取り入れたり、金具で締め壁を厚く塗るなど、天守の傾きの補正や補強、外面を整える

写真提供：松本城管理事務所

1950 ～ 55（昭和 25 ～ 30）年にも大修理が行われた

作業が行われた。それにより、新たに窓が設けられるなど、外観の変化が生じてしまった。しかし、傾いた天守や傷んだ箇所は修理され、壮麗な松本城の姿を取り戻した。

工事は一九一三（大正二）年まで続き、かかった経費の約八割は、賛同者の寄付金により賄われたという。まさに、松本城は市民によって救われ続けてきた城だったのだ。天守の修理に心血を注いだ小林は、工事の完了を見届けた翌年の一九一四（大正三）年六月に死去した。

松本城
長野県松本市丸の内四ノ一／松本駅から徒歩15分／天守610円／8時30分～17時（GW・夏季は8～18時）

丸岡城
【福井県坂井市】

日本最古の現存天守が地震で崩壊 元通りに組み直して復元した!?

国の重要文化財に指定され、「霞ヶ城《かすみがじょう》」の別名をもつ丸岡《まるおか》城は、一五七六（天正四）年に柴田勝家《しばたかついえ》の甥・勝豊《かつとよ》によって築城された。一向一揆への備えとして建てた城であり、勝家が所領する北ノ庄《きたのしょう》城の支城であった。

高さ六・二メートルの野面《のづら》積みの石垣の上に、二重三層で最上部に望楼をもつ天守が建つ。入母屋《いりもや》造《づく》りの平屋の上に二階建ての建物を載せて支える構造だ。天守には福井地方特産の越前青石《えちぜんあおいし》（笏谷石《しゃくだにいし》）で作られた瓦、約六〇〇〇枚が葺かれている。越前青石は寒暖差で割れにくいとされており、その総重量は屋根全体で一二〇トンもあるという。

一六二四（寛永元）年に徳川家康の次男・結城秀康《ゆうきひでやす》の子で二代福井藩主・松平忠直《まつだいらただなお》が改易となると、付家老として丸岡城に入っていた本多成重《ほんだなりしげ》が幕府の命で福井藩より独立し、丸岡藩が成立した。本多氏が四代でお家騒動を起こし改易となった後は、越後糸魚川藩《えちごいといがわはん》から有馬《ありま》氏が入り、幕末まで八代にわたって丸岡藩を治めることとなった。

廃城後も天守は残り町の公会堂へ

明治維新後、一八七一（明治四）年の廃藩置県で丸岡藩はなくなり、丸岡城も廃城となった。城は福井県の所有となり、翌年には県による公売が行われた。このとき、天守のほか不明門《あかずもん》、豊原門、石橋門、東門、西門などが民間に払い下げられ、天守を除く建造物はすぐに解体された。天守も取り壊される計画であったが、費用の面で実行されないままであった。そんなとき、南保治平・長侶市郎右衛門・中野吉平・吉川勘助の有志四名が五十両で天守を買い戻し、天守は取り壊しを免れた。

天守は一時、寺として利用されたが、丸岡町民の願いにより一九〇一（明治三四）年に町へ寄贈。天守は公会堂となり、城跡は「霞ヶ城公園」として整備された。募金によって天守の修繕も行われた。

一九三四（昭和九）年には旧国宝にも指定されたが、戦時中は軍用施設となり、民間人は城内には入れなくなってしまった。

ちなみに、かつて柴田氏の北ノ庄城があった地に結城氏によって築城され、福井藩の本城となっていた福井城も、丸岡城同様に一八七二（明治五）年には払い下げられている。

『お天守がとんだ：丸岡町・福井大震災追想誌』より転載

もともと、江戸時代初期に天守は火災で焼失してしまっており、ほかの建物も払い下げとともに早々に取り壊された。そのため、城跡には建物はまったく残されておらず、今では石垣や内堀、天守台を残すのみ。跡地が「北の庄城址・柴田公園」として整備され、公開されている。

福井地震で倒壊するも奇跡の復活

太平洋戦争が終戦を迎え、戦後の復興の真っ最中だった一九四八（昭和二三）年六月二八日、丸岡町を震央とするマグニチュード七・一の地震が発生した。この震災で、丸岡城下の家屋はほぼすべて倒壊。さらに、城下町の中心部で火災が発生し、鎮火したのは翌日の午前十時頃だった。丸岡城の天守も一瞬、宙に浮き、すさまじい音とともに西北隅に落ち、三階の屋根を一部残すのみとなった。

丸岡町の復興計画が進むなか、城の修理を重要視したのは、当時の町長・友影賢世《ともかげけんせい》だった。国の補助金で、倒壊した丸岡城の部材は解体、保管された。丸岡城復興事務局が設立され、三カ年計画・総工費はおよそ二七〇〇万円だった。友影町長は有志による募金確保に奔走し、国の文化財保護委員会に丸岡城の復興を要請。国と県の補助金の残りを地元が負担することで認められた。国は六割ほどを担っている。

こうして丸岡城の復興が決まり、復興工事が開始される。ここで一つ疑問がわく。丸岡城は倒壊し、復興された天守である。それなのに、なぜ現存十二天守の一つに数えられているのだろうか。

再建したのに〝現存〟十二天守のわけ

それは復興工事の方法に理由があった。倒壊した際に、保管されていたかつての天守の部材を活用し、元の通り組み直す、という工事が行われたのだ。

ただし、一部、掘立柱《ほったてばしら》から礎石《そせき》立てに変更したり、埋没貯水槽を設けたりと、防災の面で修繕が加えられている部分はある。

また、地震の際に、石瓦と同じ越前青石で作られた鯱《しゃちほこ》も、屋根から落下していた。江戸時代までは木造銅板張りだったが、一九四〇（昭和十五）年頃の天守解体工事の際に、戦時中で銅板が手に入りにくかったため、石製に変えられていたという。そのため、福井地震後の修復では、江戸時代と同様の木造銅板張りに戻された。石製の鯱は現在、天守の外の石段脇に展示されている。

こうして、丸岡城は元の姿を取り戻し、一九五五（昭和三〇）年に再建工事が完了した。工事が完了した際には、自治体や町民たちによって盛大に祝われたという。

現在は、一九五〇（昭和二五）年の文化財保護法により重要文化財に指定されているが、国宝に指定されることを目指し、二〇一五（平成二七）年九月に丸岡城国宝化推進室を開設。歴史的資料の収集や文献調査などが行われている。

丸岡城
福井県坂井市丸岡町霞町1-59／福井駅からバスで35分／450円／8時30分〜17時

彦根城【滋賀県彦根市】

天守解体の危機を寸前で免れたのは偶然訪れた明治天皇のおかげだった

琵琶湖の東岸に建つ彦根城《ひこね》は、二〇一七（平成二九）年の大河ドラマで注目を浴びた、井伊《いい》家が築いた城だ。徳川四天王と呼ばれた井伊直政《なおまさ》が「関ヶ原の戦い」の後に、西軍を率いていた石田三成《いしだみつなり》の旧領に転封。石田三成の居城であった佐和山城《さわやまじょう》に入城するも、落城直後の城は激しく破壊されていたため、直政は佐和山の地ではなく、琵琶湖湖畔に新たに城を築城することにした。

しかし、直政は関ヶ原の戦いの際の傷がもとで、築城に取りかかることなく一六〇二（慶長七）年に死去。交通・流通の要衝であった琵琶湖湖畔は徳川家康《とくがわいえやす》にとっても重要な地であったため、家康は直政の家臣であった木俣守勝《きまたもりかつ》に命じて彦根城築城を開始。天下普請として七カ国の十二大名が動員された。

一六〇六（慶長十一）年に本丸天守が完成。直政の嫡男であった直継《なおつぐ》が城に入った。このときに築かれた天守が今も当時の姿を残し、現存十二天守の一つに数えられているので

写真提供：彦根市立図書館

山崎口。現在はない櫓門と木橋が写っている

ある。

新政府側として戦ったのち陸軍省の管轄へ

三〇万石の知行をもつ有数の譜代大名として、代々徳川将軍家を支えてきた井伊家。幕末期に大老に就任した第十五代の直弼《なおすけ》は、勅許を得ずに諸外国と通商条約を結び、尊王攘《そんのうじょう》夷派《いは》などを弾圧した「安政の大獄」を断行したことから、一八六〇（安政七）年、桜田門《さくらだもん》外《がい》で暗殺される（「桜田門外の変」）。

井伊直憲《いいなおのり》が後を継ぐと、安政の大獄に関わった家老や直弼の側用人などを処罰する厳しい措置をとる、クーデターともいえる藩政改革を行った。しかし、幕府の井伊家に対する処分は厳しく、知行を二〇万石に減らしたうえ、直憲に謹慎処分を下し、井伊家の京都守護職の任を解く。

その後も、井伊家は汚名を返上すべく、一八六四（元治元）年の「蛤御門《はまぐりごもん》の変」や「長州征伐」などの長州勢との戦いで、幕府のために働いた。しかし、落ちた評価は上がることはなく、一八六七（慶応三）年十月に大政奉還が行われ、幕府が天皇に政権を返上すると、井伊家は早々に朝廷側に帰順した。徳川家を支え続けてきた井伊家は、戊辰戦争では新政府軍側として戦ったのだ。

一八七一（明治四）年の廃藩置県で、彦根藩は彦根県・長浜県《ながはまけん》・犬上県《いぬかみけん》に編入され、彦根城は彦根県の管轄となった。前年に彦根藩は、城は破壊するに任せ、以後修理を加えない旨を政府に願い出て、認められている。城には大阪鎮台《ちんだい》第二分営が移転してきて、さらに一八七二（明治五）年には陸軍省の所管となった。

城門や城壁が次々に破壊され……

陸軍省の管轄となった彦根城は、城門や城壁、石垣など、不要な建造物は次々に破壊されてゆき、本丸や天守も払い下げられることとなった。当時の県令代理は、払い受け希望

写真提供：彦根市立図書館

東方の眺め。琵琶湖から繋がる内海は埋立てられた

写真提供：彦根市立図書館

1876（明治 9）年撮影の黒門。櫓や橋は現存せず

者は彦根城内で「現物熟覧」のうえ、本丸に設置された投票箱に入札する旨の通達を出している。その通達は今も滋賀県県政史料室に保管されている。

こうして城の売却が進み、一八七八（明治十一）年十月には足場が組まれ、いよいよ取り壊しが始まろうとしていた。

そんな折、北陸巡幸から京都に戻る途中の明治天皇が彦根を訪れた。同年十月十日に近《おう》江町長沢《みまちながさわ》（現米原市《まいばらし》）にある福田寺《ふくでんじ》に一泊。さらに翌日は現彦根市高宮町《たかみやちょう》にある円照寺《えんしょうじ》に宿泊、さらに翌十二日には県営製糸工場や彦根城に立ち寄り、見学を行ったという。この際、明治天皇へ彦根城保存が奏上され、天皇の恩命と若干の金子《きんす》（＝金銭）の下賜《かし》があったことから、保存が決まったとされている。

誰が明治天皇に城の保存を願い出た？

では、明治天皇に彦根城を残すよう奏上したのは誰だったのか。二つの説があり、一つは、天皇の北陸巡幸に随行していた当時の参議大久保利通《おおくぼとしみち》が、彦根城の天守が失われることを惜しんで奏上したとされる説。

もう一つは、福田寺の住持・摂専《せっせん》の夫人かね子が奏上したという説だ。かね子は天皇の従妹にあたり、また、かね子の婚礼の際の仲人が、摂専の従兄弟である井伊直弼だったことから、保存を願い出たとされる。このどちらかの、あるいは両方の奏上により、彦根城の天守は残されることとなった。

明治天皇が彦根城を見学した日から三日後の同年十月十五日には、宮内卿から滋賀県令に内達書が送られ、取り壊しは中止となった。

間一髪で解体を免れた彦根城。一八九一（明治二四）年には、御料地とされ陸軍省から宮内省に移管。一八九四（明治二七）年五月には、かつての藩主であった井伊家に払い下げられ、太平洋戦争中の一九四四（昭和十九）年に彦根市へ寄付されるまで、約五〇年の間、井伊家の城としてあり続けたのである。

■彦根城
滋賀県彦根市金亀町1ｰ1／彦根駅から徒歩約15分／800円／8時30分～17時

姫路城【兵庫県姫路市】

"白鷺"の美しさは大修理のお陰 明治時代後期までボロボロだった

天下の名城と名高い姫路城《ひめじ》。一九九三（平成五）年には世界文化遺産に登録され、その美しい姿は世界にも広く知られている。白い漆喰で塗られた壮麗な城は、「白鷺城」（はくろじょう・しらさぎじょう）の別名をもつ。

もとは、軍師として名を馳せた黒田官兵衛《くろだかんべえ》の城であったが、一五八〇（天正八）年に、中国攻めを行う羽柴秀吉《はしばひでよし》に献上された。「関ヶ原の戦い」後は、徳川家康《とくがわいえやす》が西国の拠点として、娘婿で信頼の厚い池田輝政《いけだてるまさ》を城主として姫路城に据え、五二万石の知行を与えた。輝政は、姫路城を大改修。九年にもおよぶ工事の末、一六一〇（慶長十五）年に大天守と三基の小天守が連なる、巨大城郭が完成した。

池田家が三代で因幡鳥取藩《いなばとっとりはん》に転封となったのちは、本多《ほんだ》氏、奥平松平《おくだいらまつだいら》氏、越前松平《えちぜんまつだいら》氏、榊原松平《さかきばらまつだいら》氏などの譜代大名が姫路を治めた。目まぐるしく藩主交代が行われたが、一七四九（寛延二）年に酒井《さかい》氏が入るとようやく藩政も安定し、明治維新まで酒井氏の治世となった。

佐幕派だった姫路藩の明治維新後

一八六七（慶応三）年に藩主となった酒井忠惇《さかいただとし》は、老中として第十五代将軍徳川慶喜《とくがわよしのぶ》に付き従っていた。一八六八（慶応四）年の「鳥羽・伏見の戦い」では、江戸へ逃げ帰る慶喜に同行していたという。このように佐幕派であることを明らかにしていた姫路藩は朝敵と見なされ、新政府は姫路城に対して軍を向けた。姫路藩は家存続のため、藩主である忠惇が江戸にいて不在のなか、新政府に従う態度を示す。藩内の佐幕派を弾圧し、忠惇を排して忠邦《ただくに》が家督を継いだ。さらに、多額の軍資金などを提供することで、新政府側に許しを請うたのだ。

新政府軍に攻められたものの、すみやかな開城と恭順により、姫路城は戦火に見舞われることなく明治を迎えることができたのだった。

一八六九（明治二）年の版籍奉還で、土地や領民に対する支配権を朝廷に返すと、忠邦は姫路知藩事《ちはんじ》となる。一八七一（明治四）年の廃藩置県では、播磨国《はりまのくに》の各県が統合されて飾磨県《しかまけん》が誕生し、忠邦は免官。また、飾磨県庁が姫路城三の丸に置かれた。

一八七三（明治六）年の太政官通達で、姫路城は存城となり城が残されることが決まると、陸軍第十師団分営所となり、翌年六月に歩兵第十連隊が編成され、一部が城内に駐屯することになった。つまり、姫路城は陸軍省の管轄となったのだ。それに伴い飾磨県庁舎は城外に移転された。

陸軍省管轄となってからは、三の丸の門や櫓などは取り壊され、新たに兵舎が建てられていった。陸軍はあくまで、姫路城を兵舎や訓練場などに軍事利用するために残しているのであり、建造物を保護や保存する意図がなかったのだ。天守をはじめとした残された建物は、修理されることなく荒れ果てていった。

一人の軍人の訴えにより崩壊を免れる

こうした姫路城に、軍事学的見地や、芸術文化面からの価値を見出した人物がいた。当時の陸軍省第四局長代理・中村重遠《なかむらしげとう》大佐だ。中村大佐は、陸軍卿であった山縣有朋《やまがたありとも》に意見書を提出し、姫路城を永久保存するために陸軍の費用で修理するべきことを訴えた。これにより、一八七九（明治十二）年に、国費で姫路城が保存されることが決定し、毎年の補修費が認められた。

写真提供：姫路市城郭研究室

明治の大修理前は痛ましい姿だった

しかし、補修費はわずかな額であったため予算が足りず、修理はおろか、維持もままならなかった。明治四〇年代になると、城の屋根には雑草が生い茂り、瓦は落ち、軒は傾いて壁が崩れてしまっていたという。その様子は、写真入りで新聞に取り上げられ、「修復せずには到底保存し難き」と報じられた。それを見た姫路市民の間で、姫路城を救うための市民運動が起き、「白鷺城保存期成同盟会」が結成された。

姫路市出身の陸軍次官・石本新六《いしもとしんろく》中将らの協力のもと、明治政府に粘り強く請願を行い、ついには一九一〇（明治四三）年から翌年七月にかけて、陸軍省による「明治の大修理」が行われることとなった。

明治の大修理では、南東方向に大きく傾いていた大天守を倒壊から守るため、軸部の傾斜を防ぐ筋違を各階の壁面に入れ、さらに南東側の一階と二階に新しい柱を入れた。また、各階の梁下を支柱で補強し、屋根を補修、外壁を白く塗り変えた。工事の際、資材は天守東側の「ト」の四門の外側から大天守に桟橋を渡して、トロッコで運び入れられ、そこからさらにモーターを据え付けたうえ、ワイヤーロープで引き揚げられたという。

こうしてようやく姫路城は美しい姿を取り戻し、一九三一（昭和六）年には天守が旧国宝に指定されたのだった。

写真提供：姫路市城郭研究室

昭和の大修理では大天守素屋根上部が外された

姫路城が二十三円五十銭で払い下げられた!?

陸軍省が行った明治の大修理で荒れ果てた姿から生まれ変わった姫路城だが、実は陸軍省所管となるよりも前に、民間に払い下げられていたという話がある。

一九二七（昭和二）年五月三〇日付の読売新聞に、姫路市に住む神戸清吉が姫路城は神戸家所有であると確認する訴訟を起こす、という内容の記事が掲載された。廃藩置県の折、清吉の父で姫路の商人・神戸《かんべ》清一郎《せいいちろう》が二三円五〇銭（現在の価値で約十万円）で姫路城を落札したため、城は神戸家所有のはずだ、というのだ。この話は後日、『神戸《こうべ》又新日報《ゆうしんにっぽう》』

などでも取り上げられている。

実際のところ、姫路城が神戸清一郎により落札されたという入札関連資料は見つかっていない。それどころか、神戸家の系譜をたどると、「神戸清一郎」という人物は存在していないという。

神戸家の人に伝えられている話としては、版籍奉還に伴い公入札が行われ、清吉の父「清次郎」が落札し払い下げを受けた。ただし、陸軍が買い戻す条件付きの落札であり、姫路城が陸軍省管轄になった頃にはすでに、姫路城は陸軍の所有となっていたというのである。

つまり、今もまことしやかに伝えられている「二三円五〇銭」で払い下げられたという話は、非常に信憑性の薄いものだったといえるのだ。

姫路城
兵庫県姫路市本町68／姫路駅から徒歩約20分／1000円／9時～16時

犬山城【愛知県犬山市】

廃城処分となった後もかつての藩主家が平成まで城を個人所有していた

犬山《いぬやま》城は一六一七（元和三）年に尾張藩《おわりはん》の附家老成瀬《なるせ》氏が入って以来、明治維新まで九代にわたって治めた城である。木曽川南岸のそそり立つ崖の上に建ち、その美しい姿は犬山市のシンボルともいえる。一九三五（昭和一〇）年に旧国宝に指定され、一九五二（昭和二七）年には、文化財保護法に基づき国宝に再指定された。

創建は一五三七（天文六）年、織田信長《おだのぶなが》の叔父にあたる織田信康《おだのぶやす》が、犬山の地にあった織田氏の木之下城《きのしたじょう》を現在の位置に移し、新たに城郭を築いたとされている。現存する天守の二階部分までが、この頃に建てられたものだ。

その後、信康の子・信清《のぶきよ》が城主となるが、信長に反抗したため攻め落とされ、信長の乳兄弟であった池田恒興《いけだつねおき》が城主となった。恒興のあとは信長の五男・勝長《かつなが》、次に信長の次男・信雄《のぶかつ》の家臣である中川定成《なかがわさだなり》が入るが、一五八四（天正十二）年の「小牧《こまき》・長久手《ながくて》の戦い」の際に、羽柴秀吉《はしばひでよし》軍にいた恒興に攻め落とされ、秀吉が入城。秀吉軍と徳川家康《とくがわいえやす》・織田信雄軍の間で講和が成立すると、犬山城は信雄に返還された。

「関ヶ原の戦い」後も小笠原吉次《おがさわらよしつぐ》、平岩親吉《ひらいわちかよし》と城主が代わるが、一六一七（元和三）年に犬山成瀬氏の初代正成《まさなり》が入りようやく安定。天守の三・四階部分が増築され、今も伝わる犬山城の姿となった。

たった三年しか存在しなかった犬山藩

成瀬氏は犬山城主ではあったが、あくまで尾張藩の附家老という立場で、独立した藩の大名ではなかった。成瀬氏は城主を世襲し、代々尾張藩の筆頭家老を務めた。

幕末、九代成瀬正肥《なるせまさみつ》は十四代尾張藩主徳川慶勝《とくがわよしかつ》に付き従い、長州征伐などに赴き補佐していた。慶勝は朝廷と幕府の関係を改善して公武合体を成し遂げることを目指し、それを補佐する正肥もともに奔走。「鳥羽・伏見の戦い」の際は、前夜まで伏見にて和平工作を行っていたという。

そんな成瀬氏も、いよいよ尾張藩から独立するときがやってくる。一八六八（明治元）年一月、正肥は朝命により諸侯に列せられ、犬山藩三万五〇〇〇石の藩主となったのだ。

しかし、犬山藩は長くは続かない。翌一八六九（明治二）年二月には版籍奉還を願い出

写真提供：犬山市観光協会

現在の犬山城。明治初期は山裾にも櫓が並んでいた

て、土地・領民を朝廷に返上。同年六月に正肥は犬山藩知事に任じられるが、一八七一（明治四）年には、廃藩置県にて犬山藩は消滅。正肥も藩知事の任を解かれたのだった。

廃藩置県の後、犬山城は愛知県の管理下に置かれた。現在では天守が残るだけの犬山城であるが、明治の初めまでは戦火に見舞われることなく、櫓なども残っていたという。しかし、一八七三（明治六）年のいわゆる「廃城令」で犬山城の廃城が決まる。このとき、犬山区長堀野《ほりの》良平《りょうへい》らの働きかけにより、天守は取り壊しを免れ、城山の立木などとともに県立の稲置《いなき》公園《こうえん》として残ることとなった。ただし櫓や城門など、城郭内の天守以外の建物は払い下げが行われ、取り壊されていった。

地震による倒壊で旧藩主が再び〝城主〟に

一八九一（明治二四）年、愛知・岐阜両県を大きな地震が襲った。濃尾《のうび》地震である。マグニチュード八・〇の巨大地震といわれており、犬山町内も甚大な被害を受けた。濃尾地震は、犬山城の天守にも被害をおよぼした。旧藩士北尾鼎《きたおかなえ》が記したところによると、

「城内の各石崖、及び櫓跡の石畳の石は皆脱落し、堀を埋め、道を塞げり」「天守閣の西部破壊せられ、肉破れ、骨露はれ、且つ天守閣の東南隅なる付属物、所謂《いわゆる》小天守は全潰せしを以て、全く昔時の観なし」

となっている。このとき、犬山城は天守が半壊、西面北端の付櫓、城門の一部が倒壊したという。

県知事は天守の破却を、県議会の臨時郡部会で諮問する。天守修理には三五〇〇〇円という高額な費用がかかるが、現在の経済状況では負担は難しく、復旧は不可能、というのが県知事の意見だった。だが議会では、寄付を募って保存すべきという意見が出て、異議なく否決された。

実は、臨時郡部会の三カ月ほど前、犬山町長や町職員、町議会議員、そのほか有志の計

九四人が、天守の修復のために募金活動を始めていた。犬山町長は、修繕のための義捐金を集めるので、犬山城の取り壊しを見合わせてほしい、と県に請求していたのだ。しかし城下も震災の被害は大きく、寄付はなかなか集まらない。犬山町の被害は、死者三一名、負傷者不詳、全壊戸数二九六戸（同年十一月一日時点）にもおよんでいた。また町の人々の間には、学校や警察、犬山城よりも、犬山祭りの祭車を納める山倉の修理のほうを優先するべき、という声もあった。

こうした状況で募金がなかなか進まなかったことから、県知事は新たに、旧藩主・成瀬正肥に犬山城払い下げの交渉を始めた。一八九四（明治二七）年の県議会で、城の修復・保存を条件に、成瀬正肥へ犬山城が譲与されることが決定する。募金も犬山町が主体となって進めることで、次第に義捐金が集まるようになった。それ以後、犬山城は成瀬氏の所有となった。翌一八九五（明治二八）年四月より天守の修復工事が開始され、一八九九（明治三二）年九月に竣工。犬山城は、全国で唯一の個人所有の城となったのである。

前述の通り、明治の濃尾地震で甚大な被害を受けた犬山城だが、実は、昭和に入ってからも自然災害によって被害を受けている。一九五九（昭和三四）年の伊勢湾台風だ。紀伊半島に上陸し、愛知県や三重県、岐阜県に特に大きな被害をもたらした伊勢湾台風は、犬山城の瓦なども吹き飛ばしてしまった。この被害をきっかけに、犬山城は解体修理が決定した。文化財保護委員会が二五〇〇万円の補助をし、地元も約一〇〇〇万円を負担。文化財保護委員会の指揮のもと、一九六一（昭和三六）年から一九六五（昭和四〇）年まで工事が実施された。この工事により、犬山城が元来、この地に建てられたものであることと、創建よりものちに天守の三・四階が継ぎ足されたこと、などが発見されたという。

明治時代以降も、成瀬氏は正肥に続き十代正雄《まさお》、十一代正勝《まさかつ》、十二代正俊《まさとし》が代々犬山城を管理、所有してきた。しかし、次第に城を訪れる拝観客が減少したことや、代替わりの際に莫大な相続税が発生するなどの理由から、将来を見据えて二〇〇四（平成十六）年に「財団法人犬山城白帝文庫」を設立する。現在では、犬山城は財団法人の所有となっているのである。

犬山城
愛知県犬山市犬山北古券65-2／犬山遊園駅から徒歩約15分／入場550円／9時〜17時

宇和島城
【愛媛県宇和島市】

築城の名手が築いた城の天守では昭和の大修理でシロアリを見事撲滅

宇和島《うわじま》城を築いたのは、「築城の名手」と呼ばれた藤堂高虎《とうどうたかとら》だ。しかし、現在も残る姿となったのは、宇和島藩二代藩主伊達宗利《だてむねとし》が十年もの歳月をかけて大修復したときである。

宇和郡七万石を与えられた高虎が、本格的に築城に取りかかったのは一五九六（慶長元）年。今も見られる五角形の縄張りは、高虎によるものだ。高虎は城の完成を見たあとで、今治《いまばり》（愛媛県今治市）に移る。その後、富田氏が入り、一時は天領となった後に、伊達政宗の庶子・伊達秀宗《だてひでむね》が初代藩主として宇和島城に入った。慶長年間に高虎が築いた城は石垣もなく、土台部分の腐食などが激しかったため、縄張りはほぼそのままに大規模な修復工事を秀宗の息子・宗利が行った。天守や九つの櫓、搦手御門《からめてごもん》を一度取り壊して復元、さらに本丸の石垣を修復したり、内堀と外堀の底の土砂を取り去ったりする工事であった。

こうして現在も残る、付櫓をもたない独立式の三重三層総塗籠《そうぬりごめ》の天守が、一六七一（寛文十一）年に誕生。天守台から天守最頂部までの高さは、十五・八メートルにおよぶ。外観には装飾性の高い破風《はふ》や懸魚《げぎょ》などを設け、内部には石落としや狭間《さま》を造らず、天守には珍しい畳敷きと障子戸を用いた、太平の世を象徴するような天守となった。

かつての藩主だった伊達氏に城を払い下げ

一八六九（明治二）年の版籍奉還により、領地と領民を返上。翌年八月、宇和島藩は城や櫓、砦などの破却を申し出て許可されたが、一八七一（明治四）年の廃藩置県により中止。宇和島県が誕生して、宇和島城には大阪鎮台が置かれ、兵部省の管轄となった。翌年、兵部省が廃止されると、宇和島城は陸軍の所管となる。一八七三（明治六）年の廃城令では、宇和島城は存城処分。陸軍の軍事施設として利用されることとなった。

一八八九（明治二二）年九月、旧藩主だった伊達宗城《むねなり》は「旧城郭払下願」を出した。この願いが認められ、翌年二月には宇和島城は再び伊達家の所有となる。この頃には、城の多くの建物は老朽化のため取り壊されていた。

内堀、外堀も一八六六（慶応二）年より徐々に埋め立てられていき、一九〇〇（明治三三）から一九一三（大正二）年にかけて、宇和島港改修工事に伴い、数回にわたる工事でほとんどが埋め立てられてしまった。また、三の丸の石垣や搦手《からめて》門、黒門、櫓なども取

写真提供：宇和島市教育委員会

埋め立て前の潮見櫓

写真提供：宇和島市教育委員会

潮見櫓脇には黒門が設けられていた

り壊された。

さらに、太平洋戦争時の一九四五（昭和二〇）年七月、旧国宝に指定されていた追手門が宇和島空襲により焼失。しかし天守は被害を免れて無事残り、一九四九（昭和二四）年一月、伊達氏より天守と城山が宇和島市に寄贈された。

それまで伊達氏は城山にできるだけ手を加えず開発から守っており、火災などに遭うこともなかった。そのため、城域は約四五〇種にもおよぶ巨木や珍しい植物の宝庫となっている。翌年には文化財保護法により、国の重要文化財に指定されている。

幕末と昭和に二度の大修理が行われた

今も創建時の姿を残す宇和島城の天守は過去に二度、大きな修理が行われている。幕末期の一八六〇（万延《まんえん》元）年に行われた「万延の大改修」では、様々な資料が残されている。このときに作られた十分の一サイズの天守の模型が天守の一階に展示されていて、見学可能だ。また、修復工事に携わった人の名前、材料などまで記録された木の板も残っており、当時の修復工事の様子を知ることができる。

一九六〇（昭和三五）年から二年にわたって行われた「昭和の大修理」では、天守をす

写真提供：宇和島市教育委員会

埋め立て前の追手門周辺。左手の多聞櫓は現存しない

写真提供：宇和島市教育委員会

明治後期の追手門。脇の多聞櫓がなくなっている

べて解体、修理して組み直すという大規模な修復工事が行われた。この工事で最も重要だったのが、シロアリ被害に対する対策だ。

宇和島城は土台や柱、梁などへ甚大なシロアリ被害を受けていた。床下の地中に、大規模な営巣があったという。建築当初の用材が松材であったため、長年にわたりシロアリ被害に悩まされていた。大修理以外でも、一八九二（明治二五）年と翌年には、天守の各階の大梁がシロアリ被害に遭ったため三本とも取り替えられ、一九三一（昭和六）年には、クレオソート油剤を使用したシロアリ駆除が行われたと、銘板に記されている。

こうしたことから修復工事では、保存上の支障がない限り、元の用材を再利用する一方、取り換えの必要がある用材については、シロアリ被害が出やすい松材ではなく、檜材が使用された。腐食した部分は埋木などで繕い、建築当初の工法で組み直された。こうして、宇和島城は壮麗な姿を取り戻したのだ。

宇和島城
愛媛県宇和島市丸之内1／宇和島駅から徒歩25分／天守200円／6時～18時30分（10月～翌3月は17時まで）

写真提供：宇和島市教育委員会

左は天守。右端にわずかに写る鉄砲矢倉は現存せず

写真提供：宇和島市教育委員会

現在の天守内２階。シロアリ対策は万全だ

丸亀城

【香川県丸亀市】

日本一の高石垣を掃除するのは陸上自衛隊のレンジャー部隊！

香川県の丸亀《まるがめ》平野北部にそびえる、標高六六メートルの亀山の上に建つ平山城が丸亀城だ。一五九七（慶長二）年に高松城の支城として、生駒親正《いこまちかまさ》が築城を開始してから五年の月日を経て完成した。しかし、一六一五（元和元）年に一国一城令が出されると、支城であった丸亀城は破却された。

だが、丸亀城は復活を果たす。生駒氏がお家騒動で出羽国《でわのくに》へ転封となると、讃岐《さぬき》は高松藩と丸亀藩に分かれ、一六四一（寛永十八）年に山崎家治《やまざきいえはる》が入封。家治は幕府に丸亀城の再築城を願い出る。亀山の山頂に本丸を築き、二の丸、三の丸、帯曲輪《おびくるわ》などを螺旋《らせん》状に配置し、その外側に内堀を掘った。

一六五七（明暦三）年、山崎氏に継嗣がおらず断絶すると、翌年に京極高和《きょうごくたかかず》が丸亀城に入る。高和は、南の大手門と北の搦手《からめて》門の位置を入れ替える普請を行うなど、城郭の整備を実行する。現在も残る三重三層の天守もこの時期に工事が行われ、一六六〇（万治三）

年に完成した。天守は現存十二天守の中では最も小さいものといわれている。

旧藩士たちの願いで残った天守

明治になり、版籍奉還で領地・領民を朝廷に返上した一八六九（明治二）年の六月、搦手の武具蔵の火薬が爆発し、焼失。さらには、同年十二月に藩邸も火災に遭い、丸亀城に置かれていた藩知事事役所も全焼してしまう。

一八七三（明治六）年に出された廃城令によって、丸亀城は存城処分に決まる。当時、内堀の周囲には武家屋敷が建ち並んでおり、城内には旧藩士ら士族がそこで暮らしていた。しかし、一八七五（明治八）年、その者たちに移転料を支払って立ち退かせ、武家屋敷は取り壊された。同年五月にになると、歩兵第十二連隊が城内に入り、駐屯するようになった。

この頃より、城の櫓や塀などの建物が解体されていった。天守や大手門などが残ったのは、旧藩士たちが懇願したためだといわれている。その後、一九一九（大正八）年に、丸亀市が山上部分の本丸、二の丸、三の丸の一部を借り受け、亀山公園を開園した。

日本一の石垣を守るレンジャー部隊

丸亀城は、「石垣の名城」として知られている。山麓の内堀から山頂の本丸まで、自然石を組み合わせて積んだ野面積《のづらづ》みや、石の長い面と短い面を交互に組み合わせる算木積《さんぎづ》みなど、複数の積み方を用いて四重に石垣が重ねられている。その高さは、約六〇メートル。日本一の高石垣といわれている。ただし、丸亀城は石垣が何層にも分かれているため、ひと続きの高石垣としては、伊賀上野城《いがうえのじょう》（三重県伊賀市）と大坂城《おおさかじょう》（大阪府大阪市）の約三〇メートルが日本一となる。

石垣は緩い勾配から次第に急になり、上部で反り返って曲線を描く「扇の勾配」と呼ばれる形状をしている。三の丸の高石垣は特に、瀬戸内海に面した北側が高さ二〇メートル以上あり、強固な石垣を築く算木積みが採用されており、強く美しい勾配を描いている。こうした見事な石垣ではあるが、それゆえに困った点がある。急勾配と高さのため、美観保持のための石垣の清掃に、大変な危険を伴うのだ。

そこで丸亀市は、特殊な技能をもつ陸上自衛隊に依頼した。二〇〇六（平成十八）年八月十八日、陸上自衛隊善通寺駐屯地の第十四旅団レンジャー部隊が出動。迷彩服にヘルメッ

写真提供：丸亀市教育委員会

命綱をたどりながら石垣全面を掃除する

トを装備した約二〇名の隊員が、石垣の清掃作業にあたった。
石垣の上部にある木にロープをかけて石垣の側面に下り、鎌や鉈《なた》で石垣の隙間から生えている雑草などの草木を除去。このときは三の丸と二の丸の石垣、合わせて約二五〇〇平方メートルを清掃したという。実は同隊は以前より石垣を利用して、けが人搬送を想定した降下訓練など特別訓練を行っていたのだ。隊員たちも「感謝の気持ち」をこめて、作業していたのだという。今も定期的に、陸上自衛隊善通寺駐屯地第十四旅団レンジャー部隊によって丸亀城の石垣清掃は行われ、日本一の石垣を守っている。

丸亀城
愛媛県宇和島市丸之内1／宇和島駅から徒歩25分
天守200円／6時〜18時30分（10月〜翌3月は17時まで）

第三章

意外な姿に様変わり
城の再利用あれこれ

江戸城【東京都千代田区】

敵方の城へ天皇が移り住んだ背景に江戸寒士なる男の慧眼と大久保の英断あり

「幕臣でありながら、幕府をつぶせちゅうとでごわすか」。西郷隆盛《さいごうたかもり》が、真意を探るかのように尋ねた。

「左様。おいらのこころ、ここだがね」。そう言いながら扇子を手に取り、自身の首を叩いたあと、西郷の目を見つめ畳を指した。

幕臣、勝海舟《かつかいしゅう》。江戸城での西郷との会見で、最後に打った博打だった。結果、この一言を起点に、江戸無血開城が成就する。

旧習を打破すべく掲げられた大久保の遷都構想

一八六七（慶応三）年、江戸幕府最後の（第十五代）将軍、徳川慶喜《とくがわよしのぶ》による大政奉還《たいせいほうかん》によって、薩長を中心とした明治新政府が誕生する。王政復古《おうせいふっこ》が叫ばれ、錦旗を掲げた薩長が政権の主軸となるものの、旧幕府側の不満分子が蜂起（「鳥羽《とば》・伏見《ふしみ》の戦い」をはじめとした戊辰戦争）し、政権ははなはだ不安定なものであった。

政情ばかりではなかった。資金に乏しい新政府は財政難にもあえいでいた。こと、御役所機能を果たす建物自体が京都にはほとんどなく、王政復古とは名ばかりのものだった。実際、新政府の御役所は当初、御所の中の施薬院《せやくいん》や公家筆頭の九条家《くじょう》の屋敷を代用していた。九条家屋敷が明治新政府の最初の政庁となったが、その敷地は決して広いものではなく、徐々に不便を感じるようになっていった。

そんな状況を打開すべく、浮上したのが「遷都論」である。目的は物理的な政府機能の樹立と新政府（および天皇）の威信の確立であったが、都としての歴史を古来よりもつ京都において、遷都論を公然と口にすることは憚《はばか》られ、水面下で構想が進められてゆく。天皇の御膝元では、遷都論自体が不遜極まりないものだったのである。

木戸孝允《きどたかよし》や伊地知正治《いぢちまさはる》らによって、大坂、奈良、京都・東京併置、さらには京都・大坂・東京三都併置などといった遷都論が展開されるが、いずれも決め手に欠けたものだった。

そんななか、内国事務掛《ないこくじむがかり》に就任した大久保利通《おおくぼとしみち》が動く。「鳥羽《とば》・伏見《ふしみ》の戦い」の直後の一八六八（慶応四）年一月二三日、大久保が意を決し、大坂遷都を提唱する建白書を明治政府に提出する。内国事務掛の立場から遷都を「当務の急」とし、明治政府総裁の有栖川《ありすがわ》宮熾仁親王に遷都を前提とした天皇の大坂行幸を訴え、さらに、副総裁であった岩倉具視《いわくらともみ》、三条実美《さんじょうさねとみ》にも根回しをした。

「数百年来一塊したる因循の腐臭の一新、朝廷の旧弊御一新、外国御処置（外国との交渉）」が最大の目的である。「復古の鴻業はまだ道半ば」と、当時の情勢をとらえていた大久保利通の大坂遷都建白書であった。

だが、大久保の日記に「衆評決せず」とあるように、大坂遷都論は新政府に受け入れられなかった。公家を中心とした保守的な遷都反対派が存在し、天皇家所縁の地・京都からの遷都は、当時としては無謀ともいえる過激な論だったのだ。同時に、大久保の大坂遷都論は「薩長による奸謀」ととらえられていた。そしてもう一つ、当時の政府の懸案事項として「徳川氏の処分と江戸の処置」があった。一連の事情を踏まえ、時代は動いてゆく。

江戸寒士なる男からの一通の投書

大坂遷都が難しいと見るや、大久保は即座に大坂巡幸に策を切り替え、遠回りにその実現を試みた。出立予定は、一八六八（慶応四）年三月二一日であった。そのさ中、大久保の下に、ある投書が届く。出立日のわずか十一日前、三月十日のことである。

「江戸寒士　前島来輔《まえじまらいすけ》」と署名されていた。

「遷都の地は江戸に如かず……」。遷都先としていかに江戸が有利かという理由と根拠が、緻密かつ具体的に全六カ条をもって記載されていた。

「先生遷都の御湊議を伝ふる者有之、拝読仕候。御見識の卓越にして、御議論の盛大なる、実に拍按賛嘆仕候。乍去、遷都の地は浪華《なにわ》に如かずとの事に於ては、甚感服不得仕候」と述べたあと、江戸遷都の利、大坂遷都の利無きことを示してゆく。概要は以下である。

一、今後、蝦夷地開拓のためにも帝都は帝国の中央の地であるべき
二、国際時代の今日、大型船が出入りできる利便性と修理できる港、および防御力のある安全性の高い港が近くにあるべき
三、浪華の道路事情は狭小で、周囲の景観も大帝都にふさわしくない。一方、江戸は八道の拠点であり、風景も雄大、地勢の利がある
四、浪華の市街は狭小で、王公や軍隊の往来にも適さない。改善するには莫大な費用がかかる。江戸はその逆で、現状の道を利用できる
五、建物に関してもほぼ同様、浪華は新築が必要だが、江戸は必要なし。江戸城も少し

の修築で事足りる
六、浪華は帝都とならなくても、都市として今後も問題なし。江戸は帝都とならなければ寒市となり、市民が四散する。帝都とすれば、内には百万の市民を安堵し、外には世界著名の大都市を保存することとなり、皇族の偉大さを示す。国際上、経済上においても重要なことである

誰からともわからぬ投書により、大久保は暗に決断した。遷都の地は江戸である、と。

東京行幸と東京城入城による事実上の東京遷都

大坂巡幸を経た後、一八六八（慶応四）年五月十一日、政府は江戸府を設置する。府の設置は、江戸を重く見ていた明治政府の姿勢を示すものであった。同時に、都としての決断はされず、遷都論がいまだ定まらぬ状態にあったことも表していた。そこに、岩倉具視によって厳然たる論が展開される。

「龍駕（天皇の乗り物。すなわち天皇）一たび江戸に幸し、親く大政を視るは今日の最大急務にして、治国平天下の良計なり、（中略）龍駕東巡し、江戸城を以て東京城と為し、

（中略）而て朝廷の礎大に定まり」

一八六八（明治元）年六月のことであった。

東京遷都に関する詳細な記録を残した岡部精一《おかべせいいち》氏は『東京奠都《てんと》の真相』で、「蓋し東京奠都の真相は縮めて此一書に在ればなり」と記している。

「徳川氏の処分と江戸の処置」をも含めた実利的な内容を展開する岩倉の論が、定まらぬ遷都論を決定づけた。岩倉のこの発信の後、同年七月十七日、「自今江戸を称して東京とせん」との詔書を発し、江戸が東京と改称される。同時に、江戸城は東京城となった。次いで一八六八（明治元）年九月二十日（九月八日に改元）、東京行幸を実施し、明治天皇とともに総勢三三〇〇人が東京へ出立する。同年十二月に明治天皇は一度京都へと戻るも、翌一八六九（明治二）年三月七日に、再び京都を発し東京へ行幸。政府は満を持して「東京城西の丸へ御駐輦、依て、皇城（皇居）と称す」と発令し、明治天皇が東京城へ入城する。ここに、名実ともに東京が首都となるに至った。

ただし、先の詔書以外に公的な遷都の宣言はなかった。宮中の公家や京都の町衆に意をくんだ（反発を抑える）ものであり、事実、東京遷都はなし崩し的に進められていった。この時期の史料として残る『維新史　第五巻』（維新史料編纂事務局）においても「遷都」

出典：国立国会図書館デジタルコレクション

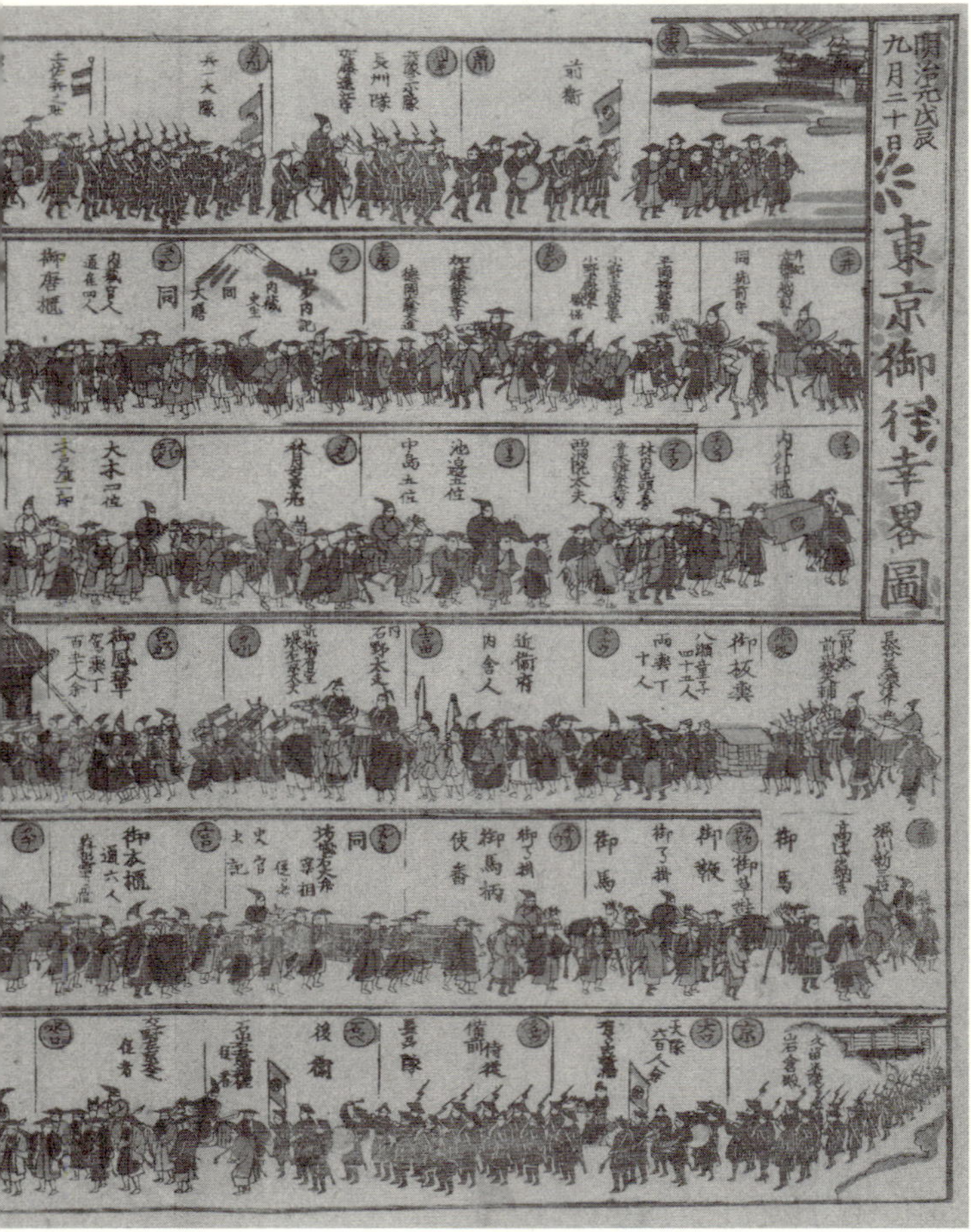

総勢 3300 人という大所帯により、天皇の威光を民衆に示した東京行幸。
神秘性を高めるべく、行幸時の天皇の輿には御簾が施され、姿はシルエットだった

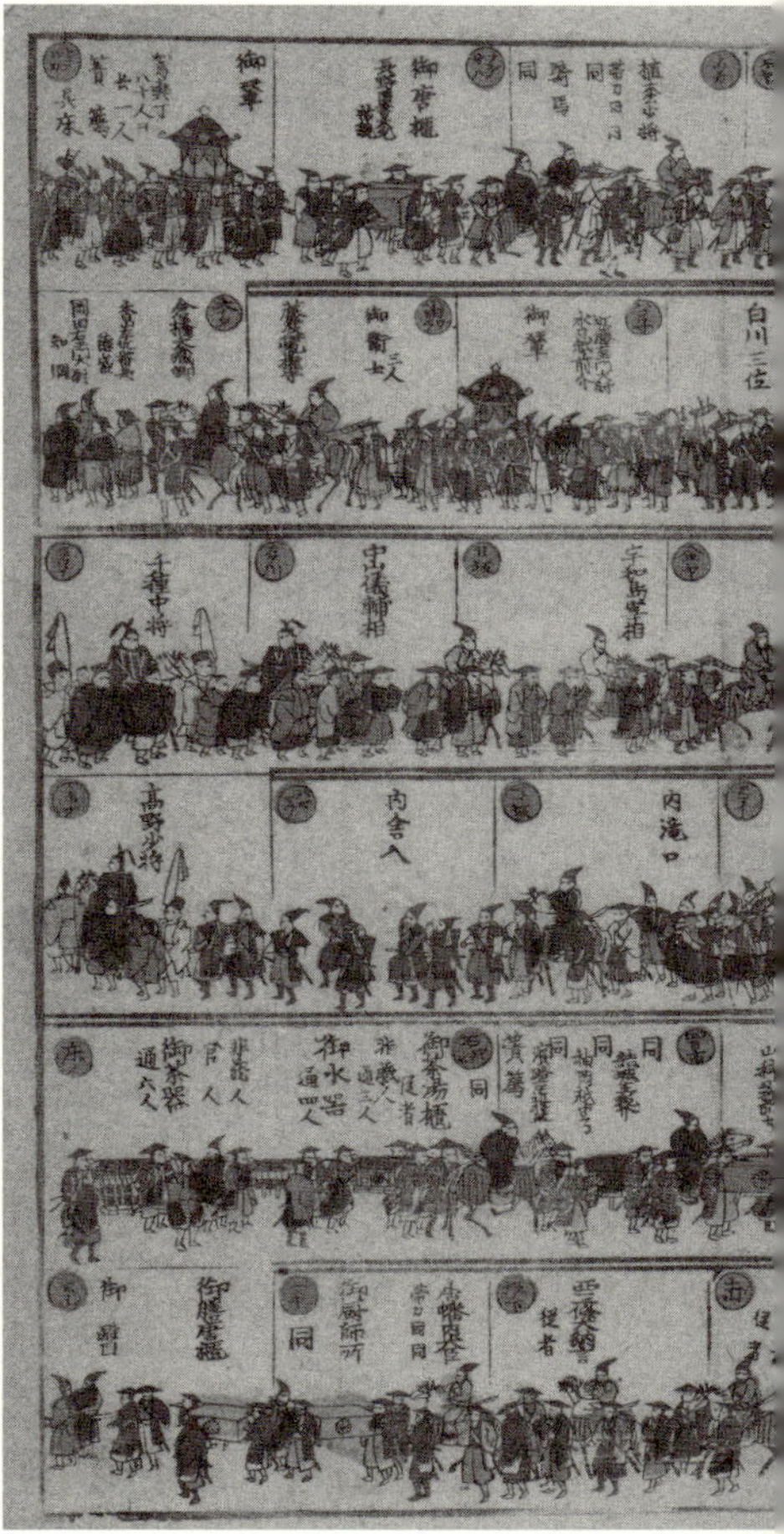

の言葉の代わりに「奠都」、「都を定める」の意である「奠」を使っていることからも、当時の状況と新政府の方針が窺える。

東京遷都にまつわる後年秘話

東京遷都の後、大久保は郵便制度の創始者である前島密《ひそか》と、東京の市内改造について相談をしていた。その際、遷都当時を振り返り、「あのときにあった書状ゆえ、いまの東京がある。あの書状の署名は君と同一にして名は来輔と記憶している。その人に対して大いに御礼をすべきところなのだが、その書を紛失してしまった。その人はいまだに誰なのかわからないのだ」と話す。そのとき、前島は黙したままでいようかと迷った末、ついに、それはあなたの前にいる者である、と初めて大久保に明かした。大久保がこの事実を知ったのは、東京遷都より九年という月日を経た一八七六（明治九）年のことであった。書状の差出人「江戸寒士　前島来輔」は、かの前島密だったのである。

『前島密自叙伝』には「慶応二年三月、公然前島と称し、同時に或事故のために来輔と改名し」とある。また、「大久保卿は京都に在りたれば、ついに卿を訪問して面議するの機会を得ず、巳むを得ずして携帯せる建言書を封緘し、使丁を遣りてこれを送呈せり。然るにその書の果たして卿の手許に達せしや否やを知らずして、爾後幾年を経たり」と、投書した事情についても、同書で触れている。江戸城と江戸の行方を左右した一因に、前島密の投書が関わっていたと見る説は興味深く、捨て難い。

一方、後年、政府の要求によって提出したとされる前島の投書には、「経済」と「万歳」という当時ない言葉が使われていることを指摘されている点などもあり、史実は定かではない。

江戸城と現在の皇居

そもそも江戸城は、大田道灌により築かれた平山城であった。その後、徳川氏によって随時改修を施され、最終的に総溝周囲約四里という日本最大の面積を誇る城郭となる。明治天皇入城以降、江戸（東京）城は内郭（内堀内のエリア）が本丸、二の丸、三の丸、西の丸、さらに堀を挟んで吹上庭園という構造となり、吹上庭園が天皇と皇后の住居である御所となった。吹上庭園は城郭としての江戸城には含まれないため、厳密には、皇居（御所）イコール江戸城ではない。つまり、御所は江戸城址の外側、現在の吹上御苑にある建物なのである。ちなみに、江戸城の中心部であった本丸、二の丸、三の丸跡が現在の皇居東御苑、西の丸跡が現在の宮殿や宮内庁庁舎という形になっている。

江戸城
東京都千代田区千代田／東京駅から徒歩5分／見学自由

小田原城【神奈川県小田原市】

建物がなくなった天守台にはなぜか子供向け観覧車が登場!?

箱根の東の玄関口という要所に位置する小田原《おだわら》。早雲《そううん》から氏直《うじなお》までの五代続き、戦国時代、関東に覇を唱えた小田原北条氏が拠点とした城下町だ。もっとも、北条時代の城は「総曲輪《そうがわ》」といって、街全体を取り囲む広大なものだった。現在の小田原城はその一部で、江戸時代に入ってから小田原を統治した、大久保氏の時代のものだ。

往時の建物の大半は明治初期に取り壊されてしまい、唯一残った二の丸平櫓も一九二三（大正十二）年の関東大震災で倒壊。本格的に復興整備が進むのは太平洋戦争後、一九五〇（昭和二五）年頃から。一九六〇（昭和三五）年に復興天守が完成し、二〇一六（平成二八）年にはリニューアル。外壁の漆喰も眩しいほどの白色で生まれ変わった。

長寿のゾウとともに人気だった観覧車

近現代の小田原城は、子どもや家族連れと縁の深い城だ。かつて本丸にあった動物園を思い浮かべる人も少なくないはず。日本最長寿の記録をもつゾウ・ウメ子は、戦後間もない一九四七（昭和二二）年にタイから来園。実に60年以上もの長きにわたって生き延び、二〇〇九（平成二一）年九月十六日に亡くなるまで、実に半世紀以上にもわたり、市民ほか来場者に愛されてきた人気者だった。「お別れ会」には、実に五〇〇〇人近くが来場したという。

ウメ子とともに、小田原城で子どもたちに人気の博してきたのが、子ども遊園地。こちらは現在も現役で営業中。豆汽車や豆自動車など、乗り物はどれも百円以下と、親の財布にも優しい。

そんな小田原城では、別の場所にも遊具があった。現在、白亜の天守が立つその場所に、しばらくの間、子供向けの小型の観覧車が立っていたのだ。

石垣が残る天守台の上に、明治以降になってから、城の遺構とはまるで関係のない建物が造られること自体は、それほど珍しくはない。その大半は神社だ。小田原城でも、明治初期から一九〇〇（明治三三）年まで、かつての藩主を祀った大久保神社が鎮座していた。また、現在の小田原城子ども遊園地のように、天守台以外の場所ならば、レジャー施設が造られることも、それほど珍しくはない。

出典：『小田原城址の 150 年』展図録から転載

観覧車をバックに「天守閣跡」の碑がはっきり見える

小田原城天守台に観覧車が登場したのは、終戦から十年後の一九五五（昭和三〇）年のこと。冒頭で触れたように、一九五〇年頃より小田原城を復興整備する流れがあったが、その中で小田原市民による「天守閣石一積運動」が始まる。関東大震災で崩壊してしまった石垣を組み直すために、広く募金を募ったのだ。

この活動によって集まった二四万円を元手に無事、天守台が再建される。となると、「その次はいよいよ、天守の建物を……」となるのが普通だが……。

なぜか小田原城では、観覧車が設置されることになった。

観覧車がどのぐらいの間、存在していたかは不明だが、天守閣の建物が再建されたのが一九六〇（昭和三五）年五月のことなので、長く見積もって五年。前ページに掲載の写真は一九五六（昭和三一）年に撮影されたものなので、少なく見積もっても一年は、天守の代わりに城の中心に据えられていたのだ。当時の小田原城がプリントされた写真葉書には、ゾウのウメ子と一緒に、観覧車が映っているものもある。イベント用に一時的に設けられたものではなく常設の遊具として存在していて、それなりに人気を博していた、と考えて問題はないだろう。

石垣の次は天守も市民の力で再建

石垣同様、その後の天守閣の再建の際にも、市民の寄付は大きな役割を果たした。「石一積運動」の次は、「瓦一枚運動」だ。平瓦、丸瓦は一枚百円。唐草瓦、巴瓦は一枚三百円。本丸に設けられた受付には、多くの市民が足を運んだ。集まった金額は、石垣の約十倍の二四〇万円。必要とされた六万枚の三分の一にあたる二万枚が、この市民からの寄付で賄われたのだった。

歴史好きの中には、「城跡、しかも天守台という中枢部に観覧車なんて……」と、眉を潜めるひともいたかもしれない。しかし見方を少し変えれば、ここまで地元の人々に愛されている城も、そうそうない。全国的に見ても、極めて貴重な城の記録なのだ。

小田原城
神奈川県小田原市城内／小田原駅から徒歩12分／天守500円／見学自由（天守閣は9時～17時）

若林城【宮城県仙台市】

伊達政宗の隠居城の名残が刑務所の中で見つかった!!

二〇一一（平成二三）年三月十一日に、東日本大震災が発生した。仙台市にある宮城刑務所でも、震度六の地震に見舞われた。幸い、死傷者は出なかったが、ライフラインは寸断。そんななか、被災の二日後から、各地からの支援が届き始めたという。同所は、その三五年前の一九七八（昭和五三）年六月に発生した宮城県沖地震でも、外壁が全壊するという被害を受けたが、各方面からの支援を受けて、短期間で復旧したという経験がある。この宮城刑務所の敷地にかつてあったのが、若林城である。

戦国時代にこの地を領有した国分《こくぶん》氏が滅びたあと、伊達《だて》氏に帰属するようになる。「関ヶ原の戦い」のあと、一六〇二（慶長七）年には、仙台城が一応の完成をみる。伊達政宗《まさむね》にとって、その立地は生活の場としては不便だったようで、仙台城近くの「花壇屋敷」や「下屋敷」にしばしば出かけている。その後、政宗が権中納言《ごんちゅうなごん》に昇進するとともに、二代忠宗《ただむね》も一大名として扱われるようになったことから、政宗は新たな居場所を求めることになっ

写真提供：仙台市戦災復興記念館

大手門は 1890（明治 20）年に若林区の正音寺に移築され現存

た。それが若林城だった。一国一城令があるため、幕府に対しては「屋敷」と名乗ったが、藩内の文書や絵図では「若林城」と記されている。

政務の居館から大規模な監獄へ

若林城は、東西に長い長方形を基本に、四方に張り出しをもった近世平城である。堀跡を含む城の規模は東西四二〇メートル、南北三五〇メートルあり、外郭は五メートル程度の土塁で囲まれていた。城の完成に合わせて町割りがなされ、城下町が形成された。政宗は隠居所のためにこの城を造ったといわれているが、実際は隠居をしておらず、政務を行う居館であったようだ。一六三六（寛永十三）年四月、政宗は「城の南西に杉を植え、堀一重を残し城は廃せよ」と命じ、参勤交代のため江戸に向かった。そして、五月に江戸で世を去った。若林城内の建物の一部は、一六三八（寛永十五）年に造営開始された仙台城の二の丸の殿舎をはじめ、仙台城下の寺院や家臣屋敷などに移築したとされる。廃城に伴い若林城下も解体され、周囲は田畑になっていった。

一八七八（明治十一）年、この土地を十四代・伊達宗基《むねもと》から警視庁が買い上げ、翌年九月、西南戦争の国事犯収容のため、「宮城集治監《しゅうじかん》」が建設された。中央に六角塔の見張り台を備えた木造二階建て・地上三三・六三メートルの、洋風建築の監獄だ。建築は東京の大倉組《おおくらぐみ》が請け負い、当時の最新技術を投入した。収容人数は三〇〇〇人で、陸奥宗光《むつむねみつ》や河野広中《こうのひろなか》など要人を収容する独房もあった。この六角塔は一九七三（昭和四八）年に取り壊されている。

宮城集治監は一九〇三（明治三六）年には宮城監獄、一九二二（大正十一）年には宮城刑務所と改称し、現在も同じ地にある。この刑務所が若林城のあったところにできたことは、江戸時代に描かれた「仙台城下絵図」と、一九五六（昭和三一）年に撮影された航空写真を比べて見れば、一目瞭然だ。外周部の土塁が残っており、北西や北東の張り出しが

写真提供：仙台市戦災復興記念館

1955（昭和 30）年頃の南東側。城の土塁が明確にわかる

共通しているのがわかる。その後、仙台市教育委員会による数度の発掘を経て、若林城の元の姿が解明されつつある。

タモリも見上げた若林城時代の二本の銘木

刑務所内には、二本の銘木がある。その一本は、奥庭にある「臥龍梅《がりゅうばい》」。伊達政宗が一五九三（文禄二）年の「文禄の役」で出兵した際、朝鮮から持ち帰ったものとされる。仙台城に植えたあと、晩年に若松城に移植した。幹や枝が地表近くに横たわっている様子が、龍が地を這い伏しているようだと、臥龍梅と呼ばれる。一九四二（昭和十七）年に国の天然記念物に指定される。現存するものは接ぎ木した二代目である。

もう一本は、「蟠龍《ばんりゅう》の松」と呼ばれる樹齢四〇〇年近い黒松。これも若林城の庭園に植えられていたものとされる。宮城出身の土井晩翠《どいばんすい》が「そのむかし誰が植えけん蟠《わだかま》る　龍見る如しあわれこの松」と詠んだことから、この名前になった。

若林城の名残を感じられるはずの梅の木と松の木だが、刑務所内にあるため、一般人は見ることができない。宮城刑務所が毎年一一月に開催する「矯正展」では、一般の見学者も臥龍梅を見ることができるが、花が咲いている時期でないのが残念。しかし、二〇一五（平成二七）年七月にNHKで放送された番組『ブラタモリ』では、特別な許可を得て宮城刑務所内にカメラが入っている。タモリらは敷地内を歩き、若林城の出丸跡を見つけている。もちろん、臥龍梅も蟠龍の松も映っている。貴重な映像記録といえるだろう。

若林城（宮城刑務所）
宮城県仙台市若林区古城2-3-1／川原町駅から徒歩15分／見学は宮城刑務所に要問合せ

膳所城《ぜぜ》【滋賀県大津市】

琵琶湖に浮かぶ美しき水城がいち早く廃城してしまった理由は？

「瀬田の唐橋《からはし》唐擬宝珠《ぎぼし》　水に映るは膳所の城」と里謡《さとうた》に謳われた膳所城は、琵琶湖に突き出た土地に築かれた水城である。近くには、琵琶湖交通の要所であった瀬田の唐橋がある。この瀬田の唐橋をはじめ、石山寺《いしやまでら》、三井寺《みいでら》、比良山系《ひらさんけい》などを含む「近江八景」は、近衛信尹《このえのぶただ》が膳所城から見た風景を詠んだ歌から広まったとされる説が、有力になっているという。

では、膳所城はどんな城だったか。元禄年間に滞日したオランダ商館付きのドイツ人医師ケンペルは、こう書いている。

「この町は、門の両側に、低いけれどもきれいな土手をめぐらし、道は東と南に向かってまっすぐ通じ、家々は白く塗られている。町の北側にある城は、半分は湖に、また半分は市街地に囲まれ堂々として大きく、日本の様式によって高い四角形のたくさんの屋根と櫓がこれをひきたてている。城の近くには、ウマの権現《ごんげん》という偶像を祀る大きな寺

写真提供：文化財建築物保存技術協会

解体前の二の丸。長塀の間に水門が設けられている

がある。それから少し行くと門があった。そこには城主の番所（瀬田口）があり……」（『江戸参府旅行日記』）

膳所城は徳川家康によって築かれた城だ。一六〇〇（慶長五）年の「関ヶ原の戦い」で勝利した家康は、翌年から膳所城を築かせた。関ヶ原後に最初に造られた城だという。築城にあたって、家臣の戸田《とだ》一西《かずあき》が三万石を得て城主となった。

その後、戸田氏鉄《うじかね》、本多康俊《ほんだやすとし》、本多俊次《としつぐ》、菅沼定芳《すがぬまさだよし》、石川忠総《いしかわただふさ》、石川憲之《のりゆき》と城主が次々と代わった。一六五一（慶安四）年、再び、本多俊次が城主になって以降は、本多氏が城主を歴任した。

悲劇を呼んだ幕末の「膳所城事件」

膳所藩は譜代であるが、幕末にはその去就を決めかねていた。最後の藩主となった十四代・本多康穣《やすしげ》の治世では、藩内の尊王派と佐幕派が対立した。

一八六五（慶応元）年五月、第二次長州征討のために十四代将軍・徳川家茂《とくがわいえもち》が上洛することになり、途中、膳所城で一泊するとの命が下った。藩主は城の内外の修理を命じ、準備を行ったが、尊攘《そんじょう》派が釣り天井を造って家茂の暗殺を企んでいるという噂が流れた。

「将軍の行列は愛知川《えちがわ》から守山《もりやま》、草津と物々しく進んで来る。容易ならぬ城下のこの噂は、遂に将軍の耳に入った。将軍の立腹は収めようがない。直《ただち》に、膳所宿泊は中止と定った。藩主は面目次第もない。百方弁明したが誠意が届かぬ。瀬田の唐橋を渡り粟津《あわづ》ヶ原を過ぎて膳所に入った行列は、八の字に開いた大手門を見向もしないで通り過ぎた」(『杉浦重剛《すぎうらじゅうごう》先生』大町桂月・猪狩史山)

その始末のため、藩は尊攘派だった十一名を投獄し、切腹あるいは斬首させた。これを「膳所城事件」と呼ぶ。その一人であった高橋正功《たかはしまさこそ》(坦堂《たんどう》)は、膳所藩の儒者の息子である杉浦重剛に漢学を教え、杉浦は成長して思想家、政治家となる。

いち早く廃城するも門や櫓が残る

一八七〇(明治三)年四月、藩知事になっていた本多康穣は、廃城令に先駆けて、「毎に風波に毀壊《きじょう》せられ、修理の為め連年莫大の国用を費し候間自今楼櫓門●等尽《ことごと》く廃撤し、其旧材を以役夫の費を償ひ且つ永久修理の費を去り実用の軍資に供」(●は原資料で判読

写真提供：びわこビジターズビューロー

本丸跡からも近い膳所神社の表門

写真提供：びわこビジターズビューロー

篠津神社の表門は1872（明治5）年に移築された

不明文字）したいと申し出た。湖に突き出た城だけに、老朽化も早かったのだろうか。
これを受け、太政官はすぐに許可を出し、その翌日より城を壊し始めると、五月中にはすべて取り壊してしまった。材木や瓦、金物などは入札で払い下げ、一二〇〇両ほどになったといわれている。本丸跡は膳所城跡公園として整備されており、現在も石垣が少し残っている。

写真提供：びわこビジターズビューロー

鞭崎八幡宮に移築された南大手門

城はなくなってしまったが、膳所城の城門や櫓などは、何箇所かに移築された。膳所神社の表門は、膳所城二の丸から本丸入口の城門と伝えられている。篠津《しのづ》神社の表門は北大手城門。若宮八幡《わかみやはちまん》神社の表門は本丸の犬走《いぬばしり》城門と伝えられる。御霊《ごりょう》神社の本殿脇門は本丸黒門と伝えられる。そのほか、近津尾《ちかつお》神社、鞭崎《むちざき》神社、新宮神社、細見氏邸、芭蕉会館、六体地蔵堂に門や櫓が移築されている。これらの修理の際に発見された棟札からは、膳所城のものである証拠が見つかっている。

琵琶湖に突き出た膳所城の風景を見ることはもうできない。しかし、城の名残は市内の各所に受け継がれているのだ。

膳所城
滋賀県大津市本丸町7／膳所本町駅から徒歩7分／見学自由

新発田城【新潟県新発田市】

城跡に立つ歩兵連隊の白壁兵舎は城の古材から造られていた！

「天は我々を見放した」の名セリフで大ヒットを記録した映画『八甲田山《はっこうださん》』（一九七七〈昭和五二〉年、森谷司郎《もりたにしろう》監督）。一九〇二（明治三五）年、青森歩兵第五連隊が極寒の八甲田山を雪中行軍中に遭難し、一九九名が死亡した事件を描いた新田次郎《にったじろう》の『八甲田山 死の彷徨』を映画化したもので、高倉健《たかくらけん》と北大路欣也《きたおうじきんや》の名演が忘れ難い。この映画のロケで使われたのが、新潟県・陸上自衛隊の新発田《しばた》駐屯地にある「白壁兵舎」だった。

この兵舎は、一八七四（明治七）年に建てられたもの。現存する中では、日本最古の木造兵舎とされる。木造二階建て、瓦葺き、全面漆喰塗りで、延べ床面積は二〇九四・五四平方メートル。草創期の日本陸軍はフランスに範をとっていたため、建築の様式もフランス式でありつつ、瓦葺き、漆喰壁のような和風城郭技術も使われている。また、間口の長さがおよそ一〇〇メートルもあるのも特徴だ。雪国らしく、兵舎の周りには、冬季の交通のための雁木造《がんぎづくり》が施されている。

写真提供：新発田市教育委員会

手前に本丸鉄砲櫓、奥に表門と辰巳櫓。1873～1874（明治6～7）年頃撮影

一八八四（明治十七年）に、この地で歩兵第十六連隊が創設される。日清戦争、日露戦争、シベリア出兵から太平洋戦争まで、ここから出兵した。歩兵第十六連隊も日清戦争後の一八九八（明治三一）年二月に大規模な雪中行軍を行い、成果を新聞に発表した。雪中行軍の糧食についても記されており、青森の連隊が記事を目にしていたら四年後の悲劇は防げたかもしれないという意見もある。

白壁兵舎には、新発田城が解体された際の古材が利用されたといわれる。明治初期までこの地には新発田城があったのだ。

歩兵第十六連隊の兵舎内に隅櫓が残る

一五九八（慶長三）年、溝口秀勝《みぞぐちひでかつ》が加賀大聖寺《かがだいしょうじ》から新発田に六万石で入封した。秀勝は地元の豪族であった新発田氏の古城跡に平城を築いた。北国特有の海鼠壁《なまこかべ》が使われ、全体の形が舟に似ていることから「浮舟城《うきふね》」、付近に沼地が多く菖蒲《あやめ》が生い茂る地を埋め立てて造ったことから「菖蒲城」の別名をもつ。完成には五〇数年を要している。

本丸の西北隅には「三階櫓」があった。この城で一番高い櫓で、幕府に遠慮して名乗らなかったが、事実上の天守といえる。三階の屋上に三匹のシャチが上げられている。一六六八（寛文八）年に火災で焼失し、一六七九（延宝七）年に再建された。

幕末の十代直諒《なおあき》は『報告説』や『開国論』を著し、尊王開国論を主張した。しかし、十二代直正は長岡藩や会津藩の圧力に屈し、奥羽越列藩《おううえつれっぱん》同盟に加盟。米沢藩は直正を米沢に移し人質に取ろうとしたが、新発田の領民は「我々のお殿様を渡してはならぬ」と竹槍を持って集まり、これを阻止。その後、新発田藩は新政府に合流し、会津征討戦に加わる。

明治政府の廃城令により、一八七四（明治七）年、表門と二の丸隅櫓を残して、城は壊された。城の象徴である三階櫓もこのときに取り壊されている。先に述べたように、跡地には歩兵第十六連隊が置かれた。戦後は自衛隊の新発田駐屯地となった。二の丸の北方にあった隅櫓は歩兵第十六連隊の兵舎内に残されていたが、一九五七（昭和三二）年、国の

写真提供：白壁兵舎広報資料館

1936（昭和 11）年撮影。歩兵十六連隊駐屯地の全景

写真提供：白壁兵舎広報資料館

「御蔵」と墨書された木材

重要文化財に指定された際に、解体修理して本丸鉄砲跡に再建された。

古写真をもとに復元 三階櫓と辰巳《たつみ》櫓《やぐら》

一度は消滅した新発田城だが、長い時を経て、再びその姿を現す。

廃城の前に撮影された多数の古写真が発見され、城の元の姿がわかったこともあり、二〇〇四（平成十六）年に、三階櫓と辰巳櫓が復元されたのである。自衛隊の用地の外にある辰巳櫓は見学することができる（冬季は閉門）が、用地内にある三階櫓は一般には公開されていない。しかし、外からその雄姿を見ることができる。二〇〇六（平成十八）年には、日本城郭協会から「日本一〇〇名城」に認定されている。

そして、白壁兵舎にも変化があった。この建物は自衛隊の倉庫や新隊員教育隊教場とし

写真提供：白壁兵舎広報資料館

2009（平成 21）年に移設される前の白壁兵舎

写真提供：白壁兵舎広報資料館

現在の白壁兵舎は資料館となっている

写真提供：白壁兵舎広報資料館

「天保十一子年」の文字がはっきりわかる

て、また広報史料館として使われてきたが、老朽化が進んでいた。再建された新発田城とともに市民に開くべきという声を受け、二〇一四（平成二六）年、駐屯地の南側に移設され、白壁兵舎広報史料館として公開されている。

その解体作業で、年号が墨書された部材が見つかり、その一部は新発田城の「御蔵屋敷《おくらやしき》」のものではないかと推測されている。新発田城の部材が使われたという言い伝えは、本当だったのか。今後の検証が待たれる。

新発田城
新潟県新発田市大手町6／新発田駅から徒歩20分
見学自由／9時〜17時（11月は16時30分まで）

広島城【広島県広島市】

特別な乗り物でいざ登城!? "天守駅"行きが走っていた

一九四五（昭和二〇）年八月六日、アメリカが投下した原子爆弾により、広島市は壊滅。爆心地からわずか七九〇メートルの距離に建っていた広島城は爆風で吹き飛ばされ、その約350年の歴史とともに消滅、跡には石垣だけが残された。

失われた天守の再建は広島市民の悲願であったが、戦後すぐの混乱期にあって天守再建への道のりは決して平坦なものではなかった。しかし原爆を生き抜いたその後の人々のたゆまぬ努力の結果、一九五八（昭和三三）年、ついに現在の天守が再建される。以降、天守は復興のシンボルとして広島の人々の心を支え続けている。

現天守の前に幻の仮説天守があった

しかしこの天守、二代目かと思いきや実は三代目。つまり原爆で失われたオリジナルの天守と、現在の天守が建てられるまでのわずか十三年の間に、実は2代目の天守が別に存在していたということになるのだが、この事実は世間ではあまり知られていない。

二代目天守の様子は、当時の写真にちゃんと収められていて、同じ石垣の上には、今とはちょっと趣の違った城が建っている。その白黒写真の天守は、よく見ると屋根の両端にある鯱が非常に大きく造られており、窓の数や形、破風の様子も今のものと様子が違っているのが分かる。

この「幻の」二代目天守の正体は「仮設天守」。なぜ仮設かというと、それは一九五一（昭和二六）年に、広島城址を中心として開催された体育文化博覧会に際し、期間限定のパビリオンとして造られたものだったからだ。

博覧会では、この仮設天守を中心として周囲に多くの施設が建てられていた。終戦後わずか六年後ながら、戦争が落とした暗い影を吹き飛ばすような、華やかな催しだったという。会場内には、パビリオンやアトラクション施設が造られた。ミススポーツ博、ミスタースポーツ博、ダンス大会やファッションショーといった、様々な催し物も行われて大勢の来場者で賑わった。

同年三月に始まったこの博覧会に合わせて造られたこの木造の仮設天守は、その年の秋まで開催された広島国体の終了後に解体されたと考えられている。だとすれば、存在して

写真提供：広島城　所蔵／藤本博光

天守五層目の入口にそのまま直結している

いたのはわずか半年ほどだった。

しかし仮設と言えど、城の天守閣ともなれば、大掛かりな建築であったことは想像に難くない。写真から推測される高さは約十メートル程と、現在の天守の半分以下だったようだが、二代目と呼ばれるに差し支えのない偉容であったようだ。実際、写真に見る二代目天守は、仮設と言われない限りは、本物と見紛うほどの立派な出来である。

博覧会の期間中、二代目天守は展望台となり、内部は「郷土館」として開放され、広島城のパノラマ模型とともに、都市や産業など広島に関する資料が展示されていたという。

海外最先端の乗り物とお猿の電車が同居

さて、この二代目天守閣、イベントパビリオンとしての役割とは別に、一代目、三代目とはまるで違う特徴を備えていた。その無骨な見た目とは裏腹に、家族向けの娯楽施設が備え付けられていたのだ。

博覧会の目玉アトラクションだった娯楽施設は、当時アメリカで大流行していた「スイッチ・バック・レールウェイ」。ジェットコースターほど派手ではないが、それでも中空を走る乗り物は、当時としては相当珍しかったはずだ。

スイッチ・バック・レールウェイは、二代目天守閣のすぐ側、本丸の上段、現在の天守礎石群付近に設置されていた。当時の写真には、乗るのを待つ人々の長い列や、城の周囲に敷設された線路の様子、家族で乗車を愉しむ様子などが写っていて、このアトラクションが大変な人気であった様子が伝わってくる。

この他にも、本丸下段、現在の護国神社前売店のあたりには、猿が運転するおとぎ電車が走っていた。「お猿さんが運転します！」というキャッチフレーズの通り、先頭に猿の運転手が乗った電車はまた、老若男女が大いに愉しんでいたようだ。

広島城　広島県広島市中区基町21-1
紙屋町電停から徒歩15分／天守370円／天守9時～18時（12月～翌2月は17時まで）※二の丸は9時～17時30分まで（10月～翌3月は16時30分まで）

第四章

太平洋戦争に翻弄された名城たちの昭和史

姫路城【兵庫県姫路市】

太平洋戦争中に空襲を避けるため城を黒い網で覆い隠した!?

明治の大修理により、かつての美しい姿を取り戻した姫路城（79ページ参照）。一九三一（昭和六）年に、国宝保存法に基づいて、大天守など八二の建物が国宝に指定されると、城の修理・保存は文部省の管轄となった。

その後、一九三四（昭和九）年六月二〇日に、豪雨によって西の丸の「タ」の渡櫓《わたりやぐら》から「ヲ」の櫓（※）にかけて、石垣が櫓もろとも崩壊。翌一九三五（昭和十）年二月より復旧修理工事が行われたが、工事が進むにつれ、城全体の老朽化と抜本的な修理の必要性がわかった。文部省は姫路城全建造物の破損調査を行い、あわせて、指定建造物の現状記録を作成。これをもとに、西の丸から北腰曲輪《きたこしくるわ》の保存修理が実施された。

しかし、太平洋戦争が始まり、やがて戦局が悪化すると、予算や修理工事の人手が不足し、一九四四（昭和十九）年には工事は一時中断。再開されたのは、戦後の「昭和の大修理」においてであった。

※カタカナは姫路城に多数ある現存櫓の呼称

姫路城を空襲の攻撃目標から外せ!!

戦況が悪化するにつれ、日本各地に空襲による戦火がおよび始めた。姫路市も例外ではなく、約十三万人もの人口を有する大都市であること、陸軍師団の所在地であること、航空機やその他軍需品の工場があることなどから、米軍の攻撃対象となることは容易に想像ができた。

そうした状況で、その白亜の姿が特徴である姫路城は、上空からも目立ち、空襲の攻撃目標になるのではないかと懸念された。太平洋戦争開戦前の一九四〇(昭和十五)年頃より、姫路市で防空訓練が行われていたが、灯火管制を含めた総合訓練の際には、城外からの夜の姫路城の様子も観察し、米軍の飛行機などから見えづらくなるよう城の偽装の必要があることが指摘された。

同年十月、姫路市の坪井《つぼい》市長が文部省へ姫路城の偽装について上申。また、陸軍参謀長からも姫路市へ、姫路城の白い城壁を塗ること、または覆うことを案として、城を米軍の目から隠すよう求めてきた。姫路市はペンキで塗る計画を立てて文部省へ提出したが、文

写真提供：姫路市教育委員会

偽装網に覆われた大天守

部省はなかなか認めない。姫路市からの催促ののち、文部省は大天守最上層に試験的に擬装網を設置することを通達した。空から姫路城が視認できないようにするため、城をすっぽりと覆いで隠してしまおうとしたのだ。突拍子もない話のようにも思えるが、この擬装網設置計画は実行に移された。

一九四一（昭和十六）年九月、大天守の最上層の外壁に、擬装網が設置された。擬装網は、径六ミリメートルのわら縄をコールタールで黒く染め、約三センチメートル四方の網目で作られた。上辺には竹棒を付け、柱や壁に打ち込まれた折釘にかけ外しできるようにした。

この試験運用で効果が認められたため、翌一九四二（昭和十七）年五月に、大天守の残りの層、三基の小天守、「イ」「ロ」「ハ」「ニ」の渡櫓の東・西・南面も擬装網で覆った。こうして、白亜の天守が真っ黒に目隠しされてしまったのである。この工事にかかった費用は、試験運用の第一次工事の網代が一二六円、第二次工事の網代が一七一九円十銭、設置費が四四三円一〇銭におよんだ。これらは姫路市が支出した。

大天守・小天守などは擬装されたが、残されたほかの櫓や土塀なども白漆喰塗りであるため、やはり目立つ。さらに追加で櫓十六棟、「ト」第一門の東・西・南面の外壁、土塀

写真提供：兵庫県立歴史博物館

空襲で焦土と化した姫路市街。遠方に奇跡的に残った姫路城天守が見える

五カ所に擬装網を設置、さらに西の丸の櫓、「ハ」「ニ」両門の屋根に染色や灰汁を塗ることで、城の外観を偽装した。この工事費は、資材代や網製作費、設置費などを合わせて四三五五円かかった。

無事だったのは擬装網のおかげではない？

姫路城の偽装工作は完了した。しかし、この偽装工作が功を奏して、姫路城が空襲より守られたかというと、実は違う。

姫路市は一九四五（昭和二〇）年六月二二日と七月三日の二度、空襲を受けている。六月の空襲では、姫路城近くの川西航空機（現・新明和工業）姫路製作所が爆撃された。約六〇機の爆撃機が一時間近くもの間、波状攻撃を行ったという。

七月の空襲では、市街地に無差別に焼夷弾が落とされた。深夜から四日未明まで約二時間にわたり攻撃され、市街地は焦土と化した。この際、姫路城も攻撃を受け、かつて三の丸があった場所に建っていた鷺城《ろじょう》中学も全焼。そして、大天守にも焼夷弾が一発、命中していたのだ。

ではなぜ、大天守は無事だったのだろうか。それは、大天守に落ちた焼夷弾がたまたま不発弾だったからだ。空襲の翌朝、最上階の屋根を突き破り、六階に突き刺さった状態で発見された不発の焼夷弾はすぐさま撤去されたため、姫路城の大天守は難を逃れたのだ。

擬装網による工作が行われたが、実際のところ、パイロットは城が建っていることも知らなかったため、そもそも攻撃目標とはなっていなかった。また、作戦地図上に赤インクで線を引かれた爆撃範囲には、姫路城も含まれていたという。姫路城はたまたま助かっただけの、強運な城だったのだ。

■姫路城
兵庫県姫路市本町68／姫路駅から徒歩20分／1000円／9時～16時

首里城
【沖縄県那覇市】

沖縄戦で焼失した琉球王国の象徴 復元前の姿が写る写真が見つかった!!

現在の首里城《しゅりじょう》の建物は、一九九二(平成四)年の沖縄の本土復帰二〇周年を記念して再建されたものである。国宝指定を受けていた戦前の首里城は、第二次世界大戦中、米軍による攻撃で焼失してしまったのだ。

沖縄戦に備えるにあたって、日本軍は一九四五(昭和二〇)年三月、沖縄戦の指揮をする第三二軍司令部壕を首里城の地下に設置。壕は徹底抗戦を想定した総延長一キロメートルにもおよぶもので、一トン爆弾にも耐えられるよう、ぶ厚いコンクリートで固められていた。さらに、日本軍は戦力をその周辺に重点的に配置する。ここで米軍を迎え撃つ作戦であった。

米軍はこれを攻撃目標とし、司令部に対し集中放火を浴びせる。一九四五(昭和二〇)年五月二五日より数日にわたって行われた、戦艦ミシシッピなどからの猛烈な艦砲射撃は「鉄の暴風」と呼ばれ、地形が変わってしまうほどの甚大な被害を沖縄にもたらした。こ

写真提供：那覇市歴史博物館

戦前の在りし日の首里城正殿

の攻撃で首里城は炎上。戦前、沖縄は京都、奈良に次いで文化財が多い県だったが、そのほとんどが集まっていた首里の街も徹底的に破壊され、王都は壊滅的な被害を受ける。首里城にわずかに残ったのは、城の基礎部分だけだった。

琉球王国の象徴を救った二人の男

一八七九（明治十二）年の琉球処分により沖縄県となるまで、四五〇年にわたる栄華を誇った琉球王国。その王家の居城であった首里城は、那覇市の東側、標高一三〇メートルほどの小高い丘の上にあり、かつての王都、那覇の街を見下ろすように建っている。

城とはいうものの、いわゆる日本の城とは

趣が異なり、首里城に武張った威圧感がないのは、天守閣に相当するような高層建築がないからだろう。王宮である首里城は、戦を想定した要塞というよりは、王府として政治や祭祀を司った宮殿であり、華麗な王朝文化に彩られた文化・芸術の中心地でもあったのだ。また、迎賓館でもあった首里城には、中国からの冊封使《さくほうし》のほか、浦賀へ向かう途中だったアメリカのペリーなども訪問している。

赤瓦、朱塗りの壁という外観と、沖縄の青い空とのコントラストが印象的な首里城。琉球王国時代の日本と大陸との長い交流の歴史から、随所に日本と中国の築城文化の融合を見て取れる。本土の城では見られない、緩やかなカーブを描く城壁は、沖縄の城＝「グスク」ならではだ。

この首里城に最後に住んだ国王、第十九代尚泰王《しょうたいおう》は、琉球処分に伴い中央政府から城の明け渡しを強要され、華族となって東京の九段に用意された邸宅へと居を移した。主を失った首里城は、その後、熊本鎮台沖縄分遣隊の兵舎となり、さらに学校の校舎などとしても使われた後、老朽化を理由に取り壊しが決定される。

しかし、歴史文化遺産として価値の高い首里城が失われることを惜しんだ、染織家であり沖縄文化研究者の鎌倉芳太郎《かまくらよしたろう》、帝大教授の建築家・伊東忠太《いとうちゅうた》らがこれに反対。なんとか

写真提供：那覇市歴史博物館

1925（大正 14）年 5 月、瑞泉門をくぐる秩父宮殿下

解体を免れる。さらに二人の奔走の甲斐あって、首里城は改修を受けることができ、一九二五（大正十四）年には正殿が、一九三三（昭和八）年には守礼門《しゅれいもん》など、四つの門が国宝に認定されることとなる。

しかしその後、日本は長い戦争の時代へ。そして、冒頭のように戦禍に見まわれ、首里城は灰燼《かいじん》と帰すのだった。

激戦の舞台から世界遺産登録の地へ

戦後、首里城無きあとの城址には琉球大学が置かれ、それに伴い遺構などは撤去されたり、埋められたりなどしたという。戦後はアメリカの統治の下、すぐには復興の道筋はたたなかった。しかし、琉球政府が置かれた後の一九五八（昭和三三）年に、記念紙幣の二〇〇〇円札の絵柄ともなった守礼門《しゅれいもん》が再建されると、これを機に復元の機運が高まり始める。

一九七二（昭和四七）年の本土復帰に合わせて国の史跡に指定されると、一九七四（昭和四九）年に城郭に入るための最初の門である歓会門《かんかいもん》などが再建される。さらに一九七九（昭和五四）年、琉球大学が首里城跡から現在の西原町へと移転。八〇年代に入ると、県

写真提供：那覇市歴史博物館

戦災で焼失する前の守礼門

および国による首里城再建計画が策定され、復元が本格化していった。

そして一九八九（平成元）年、ついに首里城正殿の復元作業が開始される。首里城は沖縄戦での焼失を含め、過去四度の焼失を経験しており、この復元では、一七一二（正徳二）年に再建され、一九二五（大正十四）年に国宝指定を受けた際の首里城をモデルにして行われた。しかし、設計に必要な資料はことごとく戦火で焼失しており、残された少ない過去の図面や写真を手がかりにするしかなかったため、復元作業は難航した。時に聞き取り調査を行い、戦前の首里城を知る人々の記憶を頼りながら、慎重に進められた。

そうして復元された首里城は、沖縄サミッ

トが開かれた二〇〇〇（平成十二）年、晴れて日本で十一番目の世界遺産「琉球王国のグスク及び関連遺産群」として登録された。首里城を含めた沖縄の五つの城跡と、王墓や庭園などからなる計九つの遺跡が対象となった。

ただ、首里城において世界遺産の対象となっているのは「首里城跡」である。復元された建物や城壁などは世界遺産ではないのだ。つまり、外から見える復元部分はのほとんどが、世界遺産認定の対象外なのである。

では、何が世界遺産なのかというと、真下に隠れた石垣などの遺構部分。現在の首里城はこの遺構保存のため、かさ上げした形で建てられている。世界遺産となったこの石組みの遺構は、オリジナルとしての価値はもとより、サンゴなどでできた琉球石灰岩を使った当時の高度な石組みの技術を今に伝えるものとして評価された。この本当の世界遺産部分は、城内を見学する際、本殿の床に張られたガラス越しに見ることができる。訪れた際には絶対に見逃せないポイントだ。

新たな資料の発見で明らかになる戦前の姿

首里城は二〇一五（平成二七）年、米ＣＮＮテレビの関連ウェブサイトが発表した「世界で最も訪問者の多い城と宮殿」で日本から唯一のトップ十入りを果たし、世界的にも人気の観光地であることが証明された。

そんな中、二〇一四（平成二六）年、首里城がさらなる注目を集めることとなる。第二次世界大戦時の資料を収集している大分県の市民団体により、焼失前の首里城を映したカラー映像が発見され、謎とされてきた戦前の首里城の姿が明らかとなったのだ。

公開されたのは、団体がアメリカの公文書館から資料として購入した映像の一部であった。一九四五（昭和二〇）年四月下旬から五月上旬頃に、米軍の戦闘機から撮影されたという三七秒間の映像に、沖縄戦で攻撃を受け焼失する直前の首里城と周辺一帯が映っていたのだ。映像に見る首里城は、鬱蒼とした森に囲まれており、整然と並ぶ城郭が、荘厳な趣をたたえている。これにより、昔の首里城が今のような赤い瓦と壁ではなかったものの、現在のものに勝るとも劣らない壮麗なものだったことが確認された。

さらに二〇一六（平成二八）年、貴重な写真が発見される。米沢藩《よねざわはん》藩主上杉茂憲《うえすぎもちのり》が明治維新後の沖縄に県令として赴いた、一八八一（明治十四）年から一八八三（明治十六）年の間に入手したとみられる写真だ。セピア色の写真には城壁から見下ろすような構図で、明治初期の頃のものと思われる歓会門や守礼門などが映っていたのだ。その上、写真はな

写真提供：那覇市歴史博物館

1968（昭和 43）年、守礼門復元工事の様子

いとされていた復元前の久慶門《きゅうけいもん》全体の姿も収められており、大きな話題となった。
これが首里城を映した写真としては最も古いものの一つとなり、近代の沖縄を研究するうえで非常に重要な発見となったのだった。これら以外にも、まだ世に出ていない首里城の写真や映像などの貴重な資料が、国内外のどこかに眠っているかも知れない。

首里城　沖縄県那覇市首里金城町1－2
首里駅から徒歩15分／正殿など820円／8時～20時30分（4月～6月・10月～11月は19時30分まで。12月～3月は18時30分まで）

広島城【広島県広島市】

城内の地下司令部から伝えられた鬼気迫る原爆被害の第一報

広島城（143ページ参照）は豊臣政権の五大老の一人・毛利輝元《もうりてるもと》により、秀吉の聚楽第《じゅらくてい》を参考にして、一五八九（天正十七）年から一五九九（慶長四）年にかけて築城された。太田川の河口の三角州に建てられた、初期の近世城郭の代表例ともなる典型的な平城で、別名の「鯉城《りじょう》」は広島カープの名の由来でもある。木張りの外壁による古城然とした外観と、均整のとれた優雅なたたずまいで、数ある城の中でも際立った美しさを誇っている。

この広島城は、実のところ、戦後に再建されたものだ。一九三一（昭和六）年に、国宝に指定されていたオリジナルの天守閣は、第二次世界大戦中に「消滅」してしまったのである。

一九四五（昭和二〇）年八月六日八時十五分、米軍の爆撃機「エノラ・ゲイ」が投下した原子爆弾により、広島の街は壊滅。その爆風により、天守閣は門や櫓などとともに、文字通り跡形もなく吹き飛ばされてしまったのだ。

写真提供：広島市公文書館

戦前は天守に切妻造の渡櫓があったが、焼失後は復元されていない

かろうじて機能した地下壕の軍事用電話

この原爆投下という人類史に残る残虐な殺戮行為により、その年のうちに亡くなった人はおよそ十四万人。核爆発の爆風と熱線で、爆心地から二キロメートル以内の建物はほとんどすべてが破壊され、焼き尽くされたという。爆心地からわずか七九〇メートルにあった広島城には石垣だけが残ったが、原爆の被害の第一報は実は、この広島城から発せられている。

日清戦争時に天皇の在所や大本営が設けられ、臨時に建造した国会議事堂で帝国議会も開かれるなど、大陸への前進基地となった広島はその後も発展を続け、第二次世界大戦時には、日本最大級の軍都へと成長していた。その過程において、広島城は軍事施設の分布の中心となり、周辺には関連施設が密集。それらの中枢である中国軍管区司令部は、広島城本丸の下段に置かれていた。

原爆投下の直後、福山の連隊司令部に被害の第一報を伝えたのが、城内の護国神社東側に現存する半地下壕にあった、防空作戦室だ。市内の電信電話設備は、原爆の爆風で破壊され機能しなかったが、防空作戦室の軍事専用の電話はかろうじて通じていたのだった。

「深さ三メートル、奥行き十メートル、長さ三五メートルの鉄筋コンクリート造りの地下壕は平面図で見ると凸型で五室に分かれており、東入り口の商工専用会談を降りたすぐの部屋が中枢機能をつかさどる作戦室であった」（宍戸幸輔『昭和20年8月6日　広島軍事司令部壊滅』）

第一報を発信したのは、学徒動員により作戦室で連絡作業にあたっていた、当時十四歳の比治山《ひじやま》高等女子学校の生徒・岡ヨシエさんであった。

「もしもし大変です。広島が新型爆弾にやられました。」

「なに、新型爆弾！　師団の中だけですか。」

「いいえ、広島が全滅に近い状態です。」（岡ヨシエ『交換台と共に』）

写真提供：広島平和記念資料館　撮影／米軍

終戦後に米軍が撮影した旧司令部の地上部分

写真提供：広島平和記念資料館　撮影／米軍

地下司令部内を調査する米軍兵士

城内も広島市内とともに原爆によって壊滅した

戦後、原爆の後遺症に悩まされながらも証言活動を続け、二〇一七（平成二九）年に亡くなった岡さんが残した手記には、そのときのやりとりが克明に記されており、原爆投下時の城内と市内の様子も細かく語られている。

「広島、山口、警戒警報発令」を、言いかけた途端ものすごい紫色の閃光が目を射り、何か事故が…と思う瞬間、意識を失った」（岡ヨシエさん手記「交換台と共に」より）

「板村さんより一歩おくれて外に出た私は

一瞬呆然となった。今迄あった司令部も、あっちこっちの建物も、ないではないか。ただの木屑と壁土が山になっているだけ。私は思わず壕の土手の上にかけ上がった。広島の街は・・・。その目に映ったのはあまりにも残酷な瓦礫の街と化した広島であった」（岡ヨシエさん手記『交換台と共に』より）

さらに、当時の司令部で任務にあたっていた宍戸幸輔氏は、原爆投下後に見た城内の様子を以下のように伝えている。

「最後の大石垣の角を曲がって軍司令部の前庭に入ったが、軍司令部は、見事なまでに廃墟と化していた（中略）その悲惨な廃墟の中で、わずかに十五、十六名の生存者たちが、三々五々、無数の重傷者たちの手当てをしたり、死者を運んだりしていた」（宍戸幸輔『昭和20年8月6日　広島軍事司令部壊滅』）

「天守閣はものの見事に崩壊していた。高台に上り、その崩壊した天守閣のバラバラになった木材の一つに腰をおろし、遠望すると、広島市全体のほぼ四分の三が完全に焼野原になっており、いまだにあちこちから黒煙と火炎が立ち上っているのが見えた」（宍戸幸輔『昭和20年8月6日　広島軍事司令部壊滅』）

結局、城内の司令部では、職員およそ七〇〇人と動員された比治山高等女子学校の三年生六七人、そして拘置所にいた米軍捕虜二人が原爆死している。
その後、全壊した広島城の天守の部材は、原爆で住む場所を失った人々のバラックの建材や、燃料などとして使われ、多くの広島市民の生活を助けたとも言われている。

再建された広島城が伝える平和への願い

現在、防空作戦室は、城の片隅にひっそりと存在する。内部見学はできないが、入り口に建てられた司令部と動員学徒の慰霊碑を前に、訪れる人々が祈りを捧げている。その後の広島城は一九五八（昭和三三）年に現在の天守閣が鉄筋コンクリート造りで復元。一九八九（平成元）年からの改修で二の丸の表御門《おもてごもん》、平櫓《ひらやぐら》、多聞櫓《たもんやぐら》、太鼓櫓《たいこやぐら》などが復元された。往時の姿を取り戻した広島城だが、表御門《おもてごもん》櫓台や中御門《なかごもん》櫓台に残る被爆時の火災で赤黒く変色した石垣は今もなお、原爆の記憶を我々に伝え続けている。

広島城　広島県広島市中区基町21－1
紙屋町東電停から徒歩15分／天守370円／天守9時～18時（12月～2月は17時まで）※二の丸は9時～17時30分まで（10月～3月は16時30分まで）

福岡城
【福岡県福岡市】

施政の中心地から市民が集う場へ変容する城と歩んだ福岡近代史

九州一の巨城といわれる福岡城は、国史跡指定地面積が東京ドーム約十個分相当の、約四八万平方メートルという広大なスケールを誇り、「黒田節《くろだぶし》」に歌われる福岡藩の栄華を今に伝える。「関ヶ原の戦い」の軍功により、徳川家から五二万石を与えられた初代藩主黒田長政《ながまさ》が、秀吉の軍師として名高く城造りの名手でもあった父・黒田官兵衛《かんべえ》（如水《じょすい》）とともに、一六〇一（慶長六）年から七年の歳月をかけて築城した。天守台、本丸、二の丸、三の丸と四層に分かれ、十余りの門と大小四七以上の櫓を配する、九州最大の平山城である。

このように規模としての福岡城は県を代表する歴史遺産なのだが、現在の福岡城址は全国的に有名な太宰府《だざいふ》などと比べると、あまり目立つことがない。観光客はおろか、福岡市民からも相応の意識を向けられていないように見える。それは単に現存する遺構が少ないという理由だけでなく、あまりの壮大さゆえに城の全貌がつかみにくいことに加え、時代の変遷とともに、その輪郭を変化させてきたからかも知れない。

福岡の近代史を映し出す福岡城址の変容

福岡城跡は戦前、陸軍の駐屯地として使用され、戦後になると公園として整備される。同時に野球場も建設されるなど、時代により目まぐるしく役割を変化させてきた。さらに敷地から古代の重要な遺跡なども発掘され、今ではその展示なども行われている。明治維新以降の福岡城の歴史は、市の近代史の縮図ともいえ、福岡の都市整備は福岡城という礎の上に行われてきたといっても過言ではない。

福岡城は、一八七一（明治四）年の廃藩置県により約二七〇年にわたった黒田家の治世が終わると共に、明治政府に接収された。福岡城が福岡城址となり、その役割と形を少しずつ変容させ始める。それでも、しばらくは施政の中心であったことに変わりはなく、一八七六（明治九）年に天神町（現・中央区天神）に新庁舎が完成するまでは、城内に福岡県庁が置かれていた。そのために一八七三（明治六）年の、およそ十万人が参加したという「筑前竹槍一揆」や、一八七七（明治十）年の「福岡の乱」において襲撃目標とされるなど、受難も経験することとなった。加えて明治期に、城内に残った空き地や堀などが

写真提供：Y 氏は暇人

現在の福岡地方裁判所裏のコンクリート壁は、かつて防空作戦室を守るためのものだった

写真提供：Y 氏は暇人

かつて歩兵第 24 聯隊の表門脇にあった桃の木が現存

授産事業に利用され、維持費のかかる櫓などが市内各所のお寺などに売り払われ、老朽化した建物が解体されるなどし、城としての本来の姿を徐々に失っていったのだった。

やがて、日清戦争や日露戦争にも出動した陸軍歩兵連隊・第二四連隊の本営が設置され、敗戦まで福岡城址は陸軍省の管理する土地となる。軍用地であった当時の名残は、今でもちゃんと残っており、城址には「福岡聯隊《れんたい》の跡」と彫られた大きな碑が建てられているほか、「歩兵第十二旅団司令部・福岡連隊区司令部」と彫られた石碑なども見ることができる。

そして第二次世界大戦の終戦の年である一九四五（昭和二〇）年六月十九日、福岡城址は米軍による福岡大空襲によって、決定的にその姿を変えてられてしまう。マリアナ基地を飛び立った二二一機のB－二九爆撃機の大編隊が落とした焼夷弾により、福岡市は焼け野原と化し、福岡城址も大半が破壊されてしまったのだ。

GHQの拠点から市民が集う開かれた地へ

終戦を迎えると、九月の米軍進駐に伴いGHQに接収される。軍事裁判所が開設されるなど、城内にはものものしい戦争の余韻が続いていた。当時の様子は、以下に詳しい。

写真提供：西日本鉄道株式会社

平和台球場の全景。左側の場外に石垣が見える。1958（昭和 33）年撮影

写真提供：西日本鉄道株式会社

平和台球場名物「シラサギの木」の上にもタダ見客が多数。1954（昭和 29）年撮影

「福岡城内では十月六日に西部軍管区司令部が接収され、第三二師団通信隊が入った。また占領軍軍人と連合国刻印にかかわる軍事警察裁判所が開設された。十月二〇日には福岡簡易保険支局が接収され第一一八陸軍要因に転用された。さらに三の丸西部旧城内練兵場北端も接収され、陸軍病院の駐車場として使用された。大濠公園の一部も接収され、弊社や病院看護婦宿舎が立地し、多くの連合国軍関係者が生活した」（『現代の福岡城』）

そんな戦後の混乱の中で、福岡城址は近代化に向けて変わり始める。日本軍が使用していた敷地には、一九四七（昭和二二）年に市民運動場が整備され、初めて市民に開放された。翌一九四八（昭和二三）年には、第三回国民体育大会の会場として平和台陸上競技場、舞鶴《まいづる》球技場が造られたほか、学校、国立中央病院、福岡高等裁判所などが次々と建てられ、市民のためのスポーツ・文化・福祉の中心地として短期間に急激な変貌を遂げていく。

福岡市民に夢を届けた平和台球場

福岡城址に造られた数々の施設の中でも、福岡の戦後復興の気運を牽引したのは、やはり一九四九（昭和二四）年に建設された平和台球場であろう。球場開きでは、巨人軍対阪神タイガースの試合が行われ、新しい未来への一歩が踏み出されたことを福岡市民に印象づけた。その平和台球場を舞台に球史に残る名勝負を繰り広げ、福岡市民を熱狂させたのが、一九五一（昭和二六）年に西鉄クリッパースと西日本パイレーツが合併して誕生した西鉄ライオンズである。「神様、仏様、稲尾様」と呼ばれた大エースの稲尾和久《いなおかずひさ》、その稲尾の再来といわれた池永正明《いけながまさあき》、「青バット」の大下弘《おおしたひろし》、「怪童」中西太《なかにしふとし》と、綺羅星のごときスター選手らが躍動。一九五六（昭和三一）年から一九五八（昭和三三）年にかけて日本シリーズを三連覇し、最強の名をほしいままにしたライオンズは、この場所で黄金時代を築く。戦後、モノが不足し、インフレや失業にあえぎ娯楽に飢えていた庶民は、平和台球場に集い、ライオンズの活躍に胸を躍らせ、優勝に街は沸いたのだった。

この西鉄ライオンズの絶頂期、球場に入りきれなかった観客が、福岡城址の石垣の上からタダ見をする姿は、平和台球場の名物でもあった。ライトスタンド側の石垣とそこに生えた木々の上から、試合の行方を見守っていたとか。

そんなライオンズも、次第に観客動員数の減少などで経営が悪化。一九七八（昭和五三）年に西武に買収され「西武ライオンズ」として埼玉へ移ることとなる。しかし、

写真提供：西日本鉄道株式会社

1960年11月8日、日米親善野球の際も場外の観客がいた

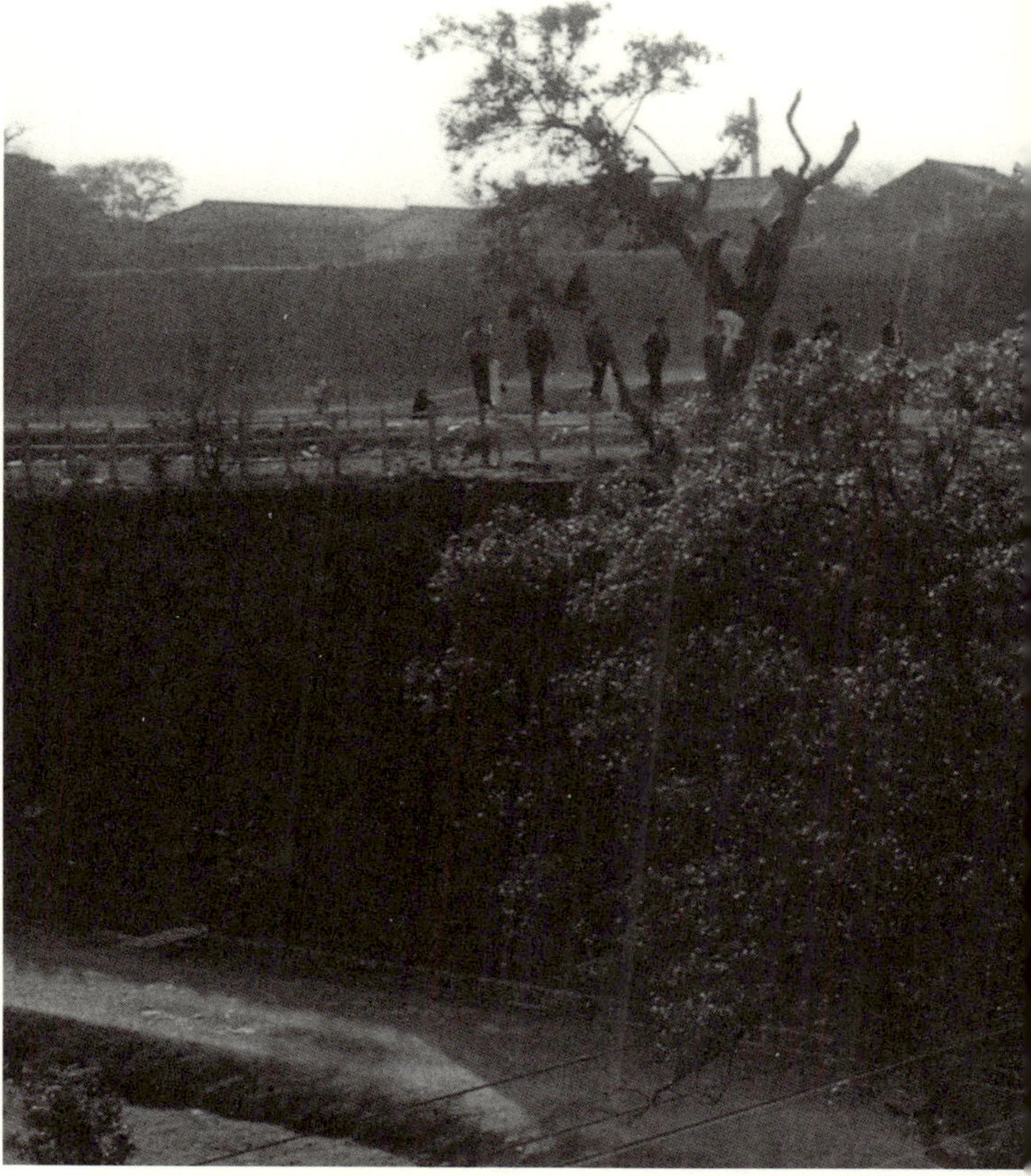

一九八八（昭和六三）年に南海ホークスがダイエーに譲渡され、福岡への本拠地移転が決まる。一度はプロ野球球団がいなくなってしまった福岡市だったが、十年の時を経て、平和台球場は再びプロ野球球団の本拠地となったが、福岡ドーム（現ヤフオクドーム）建設により平和台球場は不要となる。

かくして、一九九七（平成九）年、二一世紀を待たずして、平和台球場はプロ野球本拠地としての役目を終え、半世紀の歴史に幕を下ろすこととなった。現在、福岡城の天守台は展望台として開放されている。石垣の向こうに見えるドーム球場を眺めながら、福岡市が城とともに歩んだ歴史に思いを馳せてみるのも一興だろう。

福岡城
福岡県福岡市中央区城内／大濠公園駅から徒歩8分／見学自由（堀外壁石垣は土曜10時〜17時）

仙台城【宮城県仙台市】

有名な騎馬像は実は三代目 初代政宗像の数奇な運命とは

「青葉城」の別名でも知られる仙台城《せんだい》。人気の戦国武将・伊達政宗《だてまさむね》の居城として、仙台を訪れる人達が必ずと行っていいほど足を運ぶ、東北でも有数の観光地だ。仙台城で誰もが記念写真を撮るのが、本丸跡の一角に立つ騎馬像。武勇を誇る政宗のイメージにもふさわしいこの姿は、今や「仙台城」と聞くと、誰もが真っ先に思い浮かべるものといっても過言ではないだろう。

実はこの銅像は、仙台城に立つ政宗像としては、三代目。太平洋戦争を挟んだ約半世紀の間に、二度も代替わりを余儀なくされている。戦国時代の城主や江戸時代の藩主ならまだしも、昭和に入ってから、しかも銅像が代替わりする、というのは他ではあまり聞いたことがない話だ。

写真提供：文化財建築物保存技術協会

戦前の旧仙台城大手。左奥が国宝の大手門

乱世の英雄も近現代の戦争には勝てず!?

この銅像の作者は、一八九九（明治三二）年に宮城県槻木村《つきのき》（現・柴田町）で生まれた彫刻家・小室達《こむろとおる》。東京美術学校（現・東京芸術大学）の彫刻科を首席で卒業した小室が、地元の宮城県青年団から依頼されて制作したもの。その姿は、伊達政宗が馬にまたがり、仙台城へと入城する場面を描いたものだという。

小室が銅像制作の依頼を受けたのが一九三三（昭和八）年。二年後の一九三五（昭和一〇）年五月、本丸に建立され除幕式が行われる。折しもこの年の五月二十四日は、政宗の三〇〇回忌。時の総理大臣・斎藤実《さいとうまこと》を総裁に、「伊達政宗公三百年祭協賛会」が結成され、仙台市などで記念事業が開催された。ちなみに斎藤実は、政宗に仕えて後に伊達姓を名乗ることを許された、留守政景《るすまさかげ》の子孫にあたる。

こうして華々しく仙台城に登場した騎馬像の運命が一変するのは、一九四四（昭和十九）年一月のことだった。

太平洋戦争末期、物資不足が顕著になるに従い、金属供出が全国各地で求められるようになる。寺の梵鐘までがその対象になったことは有名だが、なんと、ブロンズでできたこの騎馬像までが、お国のために供出されることになったのだった。こうして、威風堂々たるその姿は、自らの居城から姿を消してしまった。

主を失った仙台城は、一九四五（昭和二〇）年七月十日未明の仙台空襲で灰燼と帰す。当時は国宝だった脇櫓を始め、大手門二の丸表舞台、三の丸巽門といった、江戸期から残っていた貴重な遺構は、全て失われてしまったのだった（三の丸巽門は、戦後に進駐したアメリカ軍が、交通の邪魔になるとして破却した、との説もあるが、いずれにせよ終戦前後に失われたことには間違いない）。

二代目の政宗像

まるで見た目の異なるこれも政宗!?

戦後の混乱期を経て国内がようやく落ち着き、高度経済成長の波が間もなく押し寄せようとしていた一九五三（昭和二八）年。仙台城に伊達政宗像が復活する。といってもその姿は、以前とはまるで似ても似つかぬものだった。

二代目政宗像の正式名は「伊達政宗公平和像」。「平和」とあるのは、当時の時代背景を象徴したものだろうか。騎馬像は黒光する艶のあるブロンズだったが、こちらの材質はセメントで乳白色。身につけるものも、騎馬像は鎧兜を身にまとっているが、こちらは羽織袴、片手には扇子。脇に刀は差しているものの、武士としては戦時ではなく平時の格好と言っていい。さらに顔立ちも、どことなく西洋人の神父のよう。政宗といえば、いち早く海外に目を向け、遣欧使節を派遣したことでも知られるが……。

　この二代目政宗像、市民の一部からは「政宗らしくない」との声も聞かれたとか。仙台城の築城は一六〇一（慶長五）年で、「関ヶ原の戦い」を経て、戦国の世もようやく平穏になってきた時期。政宗も城下町整備に腐心したり、家康との関係を密にしたりと、為政者としての顔が主な時期にあたる。その意味では、この二代目政宗像の風貌は、歴史に忠実といえるのかもしれない。

三代目の政宗像

　結局、この二代目は一九六四（昭和三九）年、仙台城以前の政宗の居城・岩出山《いわでやま》城の跡へと移築され、現在も立っている。では仙台城はまた、主不在になったのかというと――。
　実はそこには、騎馬に乗った戦前の政宗像が、復活していたのだった。

写真提供：文化財建築物保存技術協会

胸像となって復活した初代政宗像

紆余曲折を経て帰ってきた騎馬像

戦後からずっと、騎馬像復活への要望は、仙台市民から多数寄せられていたという。作者の小室達は一九五三（昭和二八）年に亡くなっていたが、彼の地元・柴田町槻木に、同像の石膏原型が保存されていた。かくしてそれをベースに銅像は復元され、三〇年の時を経て、城主は在りし日の姿のままで帰還をはたしたのだ。余談だがこの三代目、一九九八（平成十）年の本丸北壁石垣の修復工事に伴って、20メートルばかり南へ移動している。

それにともない、立像の方は、いわば先代の城主よろしく家督を譲り、別の城へと隠居した格好になる。

ところで、初代の騎馬像だが、供出後に融解され完全に姿を消したのかと思いきや、実は以外な運命をたどっていた。大半は失われたが、胸と二の腕から上の部分だけは、溶かされることなかった。そして、経緯は不明だが、仙台市に隣接する塩竈《しおがま》市の一角に、打ち捨てられていたという。それを郷土史家・石川謙吾氏が見つけ、政宗を祀る青葉神社に奉納。さらに後年、石川氏の意志により仙台城へと舞い戻る。

現在、この「胸像」となった初代の像は、仙台城の三の丸、仙台市博物館の屋外庭園に、ひっそりと鎮座している。

仙台城
宮城県仙台市青葉区／仙台駅から～バス20分

《主要参考文献》

〈第1章〉

■五稜郭
香取国中臣『中川嘉兵衛伝』（関東出版社）／『日本書紀』（講談社）／「函館市／市政はこだて」ホームページ／「函館・五稜郭タワー」公式ウェブサイト／「函館トピック」ホームページ／「ニチレイ」ウェブサイト／「函館市／函館市地域史料アーカイブ」「氷屋の世界」ホームページ

■佐賀城
『朝日新聞』平成15年11月24日号／『佐賀新聞』昭和32年10月31日号／「佐賀城本丸歴史館」ホームページ／「佐賀市地域文化財」データベースサイト

■熊本城
「西南戦争一四〇年記念シンポジウム『熊本城炎上の謎に迫る！』」（熊本市）／落合弘樹『西南戦争と西郷隆盛』（吉川弘文館）／関徳 編『西南戦争記事』（中川勘助（他））／「Harano Kazunobu」Web Site「For Our Future since11 March 2011」ブログ

■二本松城
渡辺美和『山本一清と三五教沼津香貫山天文台』（天文台アーカイブプロジェクト）／『毎日新聞福島版』昭和33年12月18日号／二本松藩史刊行会『二本松藩史』（二本松藩史刊行会）／「二本松藩だより」ブログ／「民友ニュースNo.54」ウェブサイト

■米子城
門脇武夫『新版伯耆民談記　米子の巻』（私家版）／佐々木謙『伯耆米子城』（立花書院）／『江戸時代の人々のくらし　米子城　その歴史をさぐる』（米子市立山陰歴史館）／火野葦平『百年の鯉』（筑摩書房）／『こはく』（株式会社中広）／『史跡米子城跡保存活用計画書』（米子市教育委員会）／『別冊小説新潮』（新潮社）／「さんいん学聞」ホームページ（山陰中央新報）／「米子市」ホームページ／「伯耆国古城めぐ

り「しろ凸たん」」ホームページ／「お菓子の寿城」ホームページ
■沼津城
樋口雄彦『旧幕臣の明治維新－沼津兵学校とその群像』（吉川弘文館）／『沼津市誌』（沼津市）
平井聖『日本城郭大系9』（新人物往来社）／『沼津藩とその周辺』（沼津市歴史民俗資料館）／『東京日日新聞』明治22年2月2日号／『郵便報知新聞』明治22年2月2日号／『郵便報知新聞』明治22年2月5日号／「沼津市」ホームページ

〈第2章〉
■松山城
『海南新聞』昭和8年7月10日～15日号／『大阪朝日新聞』昭和8年7月11日号
■松本城
『ガイド小林有也の略歴』（松本城管理事務所）／「国宝松本城」ホームページ
■丸岡城
丸岡町震災記念誌編纂委員会『お天守がとんだ：丸岡町・福井大震災追想誌』（福井県丸岡町）／「まきたんのブログ」ブログ／「福井市立郷土歴史資料館」ホームページ
■彦根城
「彦根観光ガイド」ホームページ／「M YASUDAのブログ」ブログ
■姫路城
『姫路城の基礎知識』（姫路市立城郭研究室）／橋本政次『姫路城　姫路城史　下巻』（姫路城史刊行会）／『開館30周年記念特別展　名城ふたたび　ようこそ姫路城』（兵庫県立歴史博物館）
■犬山城
『研究紀要』第4号』（犬山城白帝文庫）／『研究紀要』第5号』（犬山城白帝文庫）／『研究紀要』第7

号』（犬山城白帝文庫）／「公益財団法人　犬山城白帝文庫」ホームページ
■宇和島城
「公益財団法人宇和島伊達文化保存会」ホームページ
■丸亀城
「丸亀城_SHIKOKU_NEWS」ウェブサイト

〈第3章〉

■江戸城
前島密『前島密―前島密自叙伝』（東京都書センター）／田村栄太郎『江戸城』（雄山閣）／岡部精一『東京奠都の真相』（仁友社）／『維新史　第5巻』（維新史料編纂事務局）／「国土交通省」ホームページ／「日本郵政「前島密年譜」」公式ウェブサイト／「噺の話」ブログ／「アゴラ　言論プラットフォーム」ウェブサイト
■小田原城
『『小田原城址の150年』展図録』
■若林城
『若林城　第4次発掘調査報告書』（仙台市教育委員会）／『若林城　第5次発掘調査報告書』（仙台市教育委員会）／「仙台市」ホームページ／「お城散歩」ブログ／「城郭放浪記」ホームページ
■膳所城
『近世の城と城下町―膳所・彦根・江戸・金沢』（滋賀県文化財保護協会）／『大津の城』（大津市歴史博物館）／『大津市史　中巻』（大津市史復刻刊行会）／大町桂月・猪狩史山『杉浦重剛先生』（政教社）／エンゲルベルト・ケンペル『江戸参府旅行日記』（東洋文庫）／「びわこビジターズビューロー」公式観光サイト
■新発田城

『基地と住民緑風32』（防衛施設周辺整備協会）／松田時次『新発田今昔写真帖：保存版』（郷土出版社）／新井寛励『新発田藩と戊辰戦役：附・新発田城の遠隔並に其の構造』（新発田町地歴同好会）／名古屋工業大学学報４『越後新発田城三階櫓と現存遺構について』（名古屋工業大学）／十菱 駿武、菊池 実『続しらべる戦争遺跡の辞典』（柏書房）／松田時次『新発田今昔写真帖：保存版』（郷土出版社）／「自衛隊新潟地方協力本部／白壁兵舎広報史料館」ホームページ

■**広島城**

『しろうや_09』（広島市文化財団広島城）／『しろうや_50』（広島市文化財団広島城）

〈**第４章**〉

■**姫路城／空襲**

『日本経済新聞』平成27年7月4日号

■**首里城**

『うるま新報　縮小版　解説』（琉球新報）／「首里振興会」ホームページ／「沖縄市民平和の日」ホームページ

■**広島城**

宍戸幸輔『広島・軍事司令部壊滅―昭和20年8月6日―』（読売新聞社）／「広島市」ホームページ／「広島城」ホームページ／「ヒロシマ平和公園の四季」ブログ

■**福岡城**

『福岡県の近世城郭1』（福岡県教育委員会）／『福岡城　築城から現代まで』（福岡市史編集委員会）／「Y氏は暇人」ブログ

■**仙台城**

『宮城「地理・地名・地図」の謎』（実業之日本社）

監 修

今泉慎一（いまいずみ しんいち）

古城探訪家。1975年広島生まれ。編集プロダクション・風来堂代表。旅、歴史、サブカルチャーなどを中心に、取材、編集、執筆、撮影などをこなす。好きな城は松本城（長野県松本市）、杣山城（福井県越前市）、八上城（兵庫県篠山市）など。どちらかというと、建物はなくとも地形から想像力がふくらむ「登りがいのある」山城が好き。

※本書は書き下ろしオリジナルです

じっぴコンパクト新書　347

天守台《てんしゅだい》に観覧車《かんらんしゃ》が!?　城郭《じょうかく》が野球場《やきゅうじょう》に!?
『その後《ご》』の廃城《はいじょう》

2018年3月15日　初版第1刷発行

監修者……………今泉慎一
発行者……………岩野裕一
発行所……………株式会社実業之日本社
〒153-0044
東京都目黒区大橋 1-5-1　クロスエアタワー 8 階
(編集)TEL.03-6809-0452
(販売)TEL.03-6809-0495
http://www.j-n.co.jp/

印刷・製本…………大日本印刷株式会社

ISBN-978-4-408-00910-0（第一 BG）